Die Kraft der Weiblichkeit

Harald Jordan

Die Kraft der Weiblichkeit

Räume der Seele schaffen

Nachdruck 2025
1. Auflage, 2018
Erschienen im Synergia Verlag, Alle, JU/ CH
eine Marke der Sentovision GmbH/ S.A.R.L.
www.synergia-verlag.ch

Umschlaggestaltung, Gestaltung und Satz: FontFront.com, Roßdorf

Vertrieb & Produktsicherheit EU:
Synergia Auslieferung
www.synergia-auslieferung.de

Printed in EU
ISBN-13: 978-3-906873-37-4

Bibliografische Information der Deutschen Bibliothek
Die Deutsche Bibliothek verzeichnet diese Publikation in der deutschen Nationalbibliografie;
detaillierte bibliografische Daten sind im Internet unter http://dnb.ddb.de abrufbar.

INHALT

EINFÜHRUNG

PROLOG

„Wenn es je eine apokalyptische Zeit gab, dann die unsere. Man hasst die Seele des Menschen. Man versteht ihre Bedürfnisse nicht und wirft Schätze zum Fenster hinaus, ohne sie verstanden zu haben."
C.G. Jung, Briefe 1955

In Seminaren und Beratungen habe ich erkannt, wie unterschiedlich Frauen und Männer planen, bauen und wohnen und wie einseitig unsere Bau- und Wohngepflogenheiten sind, weil die weibliche Weise nicht zum Wirken kommt. Als gelernter Maurer, Geselle und selbständiger Ingenieur des Bauwesens ist mir nach fünf Jahrzehnten praktischer Tätigkeit das Bauen sehr vertraut. Seit einem Vierteljahrhundert lehre und berate ich zum energetischen und spirituellen Gestalten und verbinde jetzt das Materielle mit seinem geistigen Aspekt. Mein Weg in die Räume des Unbewussten war jahrelang die „Aktive Imagination" nach C.G. Jung. Dadurch entdeckte ich auch in mir das „Weibliche im Mann". Schon vor zwanzig Jahren war „Die weibliche Kraft im Bauen und Wohnen" ein Teil meiner Publikationen. Damals fand der „Bauer-Verlag" das Thema zu brisant und wollte es ganz herausnehmen. Es erschien dennoch, aber gekürzt und bewegt mich seitdem umso mehr.

Als Statiker musste ich oft eine aufwendige Gründung berechnen, obwohl das entstehende Gebäude selber sehr klein war. Es war der unsichere Baugrund, der dazu zwang. Wenn ich in diesem Bild bleibe, wird deutlich, dass ich weit ausholen muss und Bereiche einbeziehen, die beim ersten Lesen scheinbar wenig mit unserem Thema verbunden sind. Das fordert mich heraus zu vereinfachen, um das Buch nicht zu überlasten, können meine Folgerungen aber angreifbar machen. Darum verweise ich auf die Bücher, die ich im Literaturverzeichnis mit * versehen habe und ein Thema vertiefen oder wissenschaftlich ergänzen. Über das Weibliche und über die unbewussten Aspekte ist schon vieles geschrieben worden. So verzichte ich auf die Ausweitung von Begriffen wie „anima", denn es geht mir nicht um tiefenpsychologische Abhandlungen, sondern um eine nachvollziehbare Spur von Möglichkeiten und praktischen Umsetzungen, um „Räume der Seele" zu schaffen.

Wiederholungen aus meinen anderen Büchern sind unvermeidbar. Wenn man einen Blumenstrauß von allen Seiten betrachtet, dann ist jeder Anblick ein anderer. Es ist aber immer derselbe Strauß, doch die Blattstellung, die Form der Blüten und alle Verzweigungen erzeugen ein neues Bild. Auch fand vom ersten bis zu diesem Buch eine Entwicklung statt.
Es ist das letzte, das ich zum Thema der baulichen Gestaltung schreibe und ist für mich wie der Schluss-Stein eines Bogens. Es verbindet die Erkenntnisse und Hinweise der anderen Veröffentlichungen. In meinem ersten Buch „Räume der Kraft schaffen" sind Grundlagen zum gesundenden und energetischen Bauen und Wohnen beschrieben, im letzten Buch „Energetische Raumgestaltung" ist die heilende und spirituelle Wirkung besonders hervor gehoben. Auf diese Bücher ist jeweils Bezug genommen und zitiert worden.

> *„Es sind immer die Wenigen,*
> *die in der Welt Neues wagen und verändern."*
> Erich Neumann

Dieses Buch ist entstanden aus meiner Sorge um unsere seelische Entwicklung und will herausfordern, Neues zu entdecken. Es ist ein Sachbuch, aber erweiterte sich während des Schreibens auch zu einem Bekenntnis. Ich möchte besonders Männer erreichen und sie ermutigen, sich dem Reichtum des Unbewussten zu nähern. Die Frauen bitte ich um Nachsicht, weil ich nicht alle Räume des weiblichen Seins erkennen kann und dennoch wage, über die Weiblichkeit zu schreiben – der Lesbarkeit wegen aber leider nur in der uns gewohnten Weise. Ich danke den Teilnehmenden aus meinen Ausbildungen, Seminaren und Beratungen für ihre Offenheit und das Vertrauen, das sie mir geschenkt haben. Sie sind es auch, die mich stärkten, das heikle Thema dieses Buches zu wagen und tragen dadurch mit mir Hoffnung in die Welt.

SUCHE UND VERSUCH

„Der Raum ist der Leib der Zeit,
die Zeit ist die Seele des Raumes."
Ludwig Klages

In unserer Welt wird das Weibliche unterdrückt. Eindeutig und offenkundig erleiden es die Frauen – zu allen Zeiten und in fast allen Kulturen. Die von den Männern gestaltete und geprägte Umgebung engt ihr Leben ein. Aber auch die Männer sind betroffen. Sie können es aber nicht unmittelbar und schmerzend spüren. Es ist ihnen deswegen auch kaum bewusst, dass sie das Weibliche in sich selbst vernachlässigen. Ursprünglich wollte ich mit diesem Thema die Frauen zu ihrer eigenen Kraft ermutigen. Je mehr aber das Buch wuchs, umso mehr wurde mir deutlich, dass ich es auch für uns Männer schreiben muss.

„Schreiben heißt nicht, eine Wahrheit predigen,
sondern eine Wahrheit erkunden."
Milan Kundera

Wenn der Mann es wagt, dem Weiblichen in sich zu begegnen, muss er auch ins Unbewusste eindringen – und das macht Angst und braucht großen Mut. In diesem „Dunkel" kennt er sich nicht aus, es ist ihm fremd und er kann es nicht beherrschen. Sein Gewinn jedoch wird es, dass er Antwort aus diesen Tiefen bekommt und dadurch kreativer und männlicher wird, weil er aus dem Urgrund schöpft. Wenn er dann seine wahre Kraft lebt und mit ihr in die Welt einwirkt, werden seine Taten aufbauend wirken. Seine besondere Herausforderung ist es, dass er diesen Weg freiwillig wählen und gehen muss, weil er als Mann in einer männlichen Welt lebt, kein Unbehagen fühlt und ihn kein Leidensdruck drängt, wie ihn die Frauen bei sich erleben. Nach C.G. Jung aber geschieht Veränderung nur durch Not. Er muss also frei entscheiden, es sei denn, ihn zwingt ein Schicksalsschlag zum „Sprung in den Brunnen".

Wir sind zwischen Himmel und Erde gestellt, sind Mittler zwischen dem höchsten Bewusstsein und dem Unbewusstem. Als Individuum verbinden wir beide Reiche in unserer ganz persönlichen Färbung und pendeln zwischen den beiden Polen hin und her. Wir bestehen aus dem Ich und dem unbewussten Teil unserer selbst. Unser geistiger Weg ist die Durch-Lichtung des Unbewussten und die Hinwendung zum „Höheren Selbst". Früher war die Gottesbegegnung ein kollektives Geschehen – der Eremit und der Mönch waren die Ausnahme. Jetzt ist es ein individueller Weg, der bewusst und wissend gegangen werden kann. Damals war es nur den Auserwählten, den Mächtigen, den Reichen und den in Klöstern Lebenden möglich, sich ganz dem eigenen inneren Wachstum zuzuwenden. Diese Freiheit ist in unserer zivilisierten Welt jetzt jeder Frau und jedem Mann gegeben. Seit kaum hundert Jahren sind wir dazu frei und verfügen über alles Wissen.

Ein wesentlicher Schritt in ein neues Bewusstsein war die Erkenntnis, dass wir nur „ganz" werden, wenn wir das Gegensätzliche in uns lebendig machen – das Männliche in der Frau, das Weibliche im Mann. Ganz zu werden, ist das große menschliche Sehnen, ist unser Weg zum Geheimnis des Göttlichen, zu einem uns Übergeordnetem. Es ist der Weg der Individuation, hin zur Selbst-Werdung, dem Selbst als dem Ich übergeordnete Ganzheit. Das Selbst ist die bewusste und gelebte Verbindung des Ich mit dem Unbewussten.

> *„Es gibt eine höhere Wahrheit als die höchste Wahrheit –*
> *das Lächeln über die Wahrheit."*
> Alfred Polgar

Wohnen ist ein gemeinsames Leben und die Kunst, die unterschiedlichen Lebensweisen von Mann und Frau zu vereinen und zu bereichern. Wohnen und Bauen kann sogar den eigenen geistigen Weg anregen und unterstützen. Vor Jahren hörte ich eine Geschichte, die meinem Lehren und Beraten eine andere Richtung gaben. Ein Paar wollte bauen und wandte sich einem Architekten zu, der die Gabe des wachen Hörens hatte. Nach dem dritten Gespräch verging eine längere Zeit, bis der Mann anrief, sie hätten durch die Beratung erkannt, dass sie nicht nur das Bauen aufgeben, sondern auch die Partnerschaft lösen werden. Da merkte ich auf, wie oft nach dem Bauen eine Partnerschaft zerbricht oder verödet, weil vorher nicht danach gesucht wurde, was das gemeinsame, übergeordnete und geistige Ziel ist – wofür man wirklich baut.

> Wie willst Du Dich als Frau verstehen, wenn Du
> den Mann nicht erkennst?
> Wie willst Du Dich als Mann verstehen, wenn Du
> die Frau nicht kennst?

Immer, wenn ich im Folgenden das Weibliche beschreibe, meine ich auch das Weibliche im Mann und umgekehrt, das Männliche in der Frau. Aus den scheinbar unvereinbaren Gegensätzen von Frau und Mann, kann gemeinsam nur dann Neues entstehen, wenn sie sich erkennen und gegenseitig würdigen. Einige Gegensätze habe ich zusammen gefasst und stelle sie schon hier vor, um heraus zu fordern und sich ins Thema einzustimmen.

♀ Venus	♂ Mars
Sein	Werden
Die Zeit	Der Raum
Nähe	Distanz
Empfangen	Zeugen
Das Mütterliche	Das Väterliche
Die Fülle	Die Leere
Lust	Askese
verbinden	trennen
in sich zu hause	zielgerichtet

♀ Venus	♂ Mars
Raum nehmen	Raum geben
Geborgen	fremd
Urgestalt	Form
Sinnlichkeit	Sexualität
braucht die Verwirklichung	braucht die Weisheit
nach innen gerichtet	nach außen gerichtet
Zugehörigkeit	Drang nach Freiheit
beständig	impulsiv
Magie	Macht

Wir vermischen oft Fähigkeiten mit Anlagen. Fähigkeiten des anderen Geschlechts können erlernt und eingeübt werden. Die weiblichen oder männlichen Veranlagungen aber nicht. Es ist der aufbauende Wille, der aus beiden Fähigkeiten eine gemeinsame Kraft schaffen kann, im Lösen und Verbinden – wie im Atmen. Es sind zwei Weisen, die sich verbinden wollen: Den Raum zu schaffen als männliche Tat, den Raum mit Leben auszufüllen als weibliches Geschehen, als Qualität der Zeit.

DIE WELT DER FRAU HEUTE

„Das Verstehen des Weiblichen ist für die Gesundung des Kollektivs notwendig."
Erich Neumann

Die Frauen können männliche Ausbildungen und Berufe erlernen und verwirklichen. Sie sind von Natur aus weiblich und haben gleichzeitig alle Möglichkeiten in der männlich gestalteten Umwelt. Auf den ersten Blick kann das als Spannungsfeld erscheinen und den schon angesprochenen Leidensdruck verstärken. Aber es drängt zur Veränderung. Während die Frau in beiden Welten lebt, lebt der Mann vorrangig in seiner eigenen Welt und ist es zufrieden. Ihm fehlt die schmerzende Impulskraft, etwas zu verändern. Weil Frauen in einer männlich geprägten Welt aufwachsen, ist ihnen aber oft ihr ureigenes Anliegen im Leben, Bauen und Wohnen nicht bewusst genug. Ich möchte darum die Frauen ermutigen, sich ihre Seelenräume zu schaffen, auch wenn sie sich den jetzt noch wirkenden, männlichen Lebensformen widersetzen müssen.

„Die Frau von heute braucht den Mann von morgen."
André Stern
Der Mann von morgen braucht die Frau von heute.

Den zweiten Satz habe ich hinzugefügt, weil das Weibliche ganz „ursprünglich" eine tragende Bewusstseinskraft in sich birgt und sich aus dem Sein nährt. So wie die Frau im Sein zu Hause ist, so muss der Mann das Weibliche erst in sich integrieren, um ganz zu werden. Er bedarf dabei der Hinwendung und Unterstützung der Frau. Jedoch muss die Frau ihr Weibliches erkennen und leben. Noch verliert sie sich sehr darin, das Männer-Handwerk und das männliche Denken abzulehnen oder sich anzupassen. Die Handlungen der Frauen beruhen vielfach noch auf einer Imitation des männlichen Verhaltens. Selbstredend ist die Frau gleichwertig. Gleichberechtigt ist sie jedoch nur scheinbar, denn die noch herrschenden Gesetze sind von Anfang an von den Männern gemacht. Sich gleichwertig fühlen, heißt sich im eigenen Wert zu erkennen und ihn zu leben. Die Abwertung des „Weiblichen" kann aber auch in der Frau selber geschehen, wenn sie den männliche Qualitäten zu viel Bedeutung gibt. Bis dahin, dass sie sich als Frau heimlich selbst minder fühlt. Sie verfällt dann in die sie umgebenden, männlichen Verhaltensweisen und verleugnet dadurch ihr weibliches Potential. Auch für sie gilt, dass sie umso weiblicher wird, wenn sie ihre männliche, kreative Seite lebt. Dann wird aus der „mutterlosen Tochter" die „wahre" Mutter. Das sind die Frauen, die ihre dunklen Seiten ansahen, sie anerkannten und dadurch frei sind von männlichen Vorbildern und Unterdrückungen. Ihre spirituelle Weise zu leben und zu wohnen, gibt dann den „erwachsenden Töchtern" einen nährenden Umraum. Unsere Umwelt verlangt von ihr sowohl die Weiblichkeit wie zugleich auch die Männlichkeit. Das ist ihre und unsere große Chance. Darum wage ich zum Schluss den Satz von C.G. Jung: „Kann es sein, dass auf der Waage von Materie zu Geist nun ein neuer Aufstieg auf geistiger Ebene und damit in der menschlichen Entwicklung entsteht... durch die Freiheit und den Mut der europäischen Frauen?"

DIE WELT DES MANNES HEUTE

Je tiefer ich dem Weiblichen mich forschend zuwandte, umso mehr erkannte ich, was es bedeutet „Mann" zu sein. Das Schreiben war auch für mich ein ganz besonderer Erkenntnisweg, das Männliche im Spiegel des Weiblichen besser wahr zu nehmen. Die Entlastung durch die Maschinen wurde uns Männern verhängnisvoll. Wir können unsere Körperkraft nicht mehr ausleben, sei es im Pflügen, Melken oder Hämmern. Aus unserer Arbeit entstehen weder Tisch noch Stuhl. Die Arbeit im Büro, deren tieferer Sinn oft nicht erkennbar ist, gibt uns keine unmittelbare sinnliche Erfüllung. Dabei will unsere Tatkraft wirken und erschaffen. Die uns verfügbare „gute" Aggressivität findet keine Möglichkeiten sich auszuleben, wirkt nach innen zurück und lähmt. Die viele freie Zeit verstärkt diesen Kreislauf.

> *So lange die Frau nicht vom Mann erkannt wird, kann sie niemals ganz frei sein. Der Mann hat zu viel vergessen. Doch würde er die Frau erkennen, so würde er auch sich selbst befreien. Die Frau, die Erde, wartet noch immer.*
> Esther Harding

Unsere innere und äußere Welt wird vorwiegend von uns Männern gestaltet. Es gibt für ihn keine herausfordernden inneren Widerstände. Einseitigkeit entsteht, die sich verstärkt und verselbständigt hat bis hin zur Lebensbedrohung. Es wurden neue Werte geschaffen und gemessen an äußerem Fortschritt. Das Nützliche, Schnelle, die Perfektion und Wirtschaftlichkeit und das Funktionierende werden überbetont. Ansehen, Geld und Macht wurden ihm zum Maßstab seines Tuns und Lebens. Er merkt nicht, dass er dadurch von außen „domestiziert" wird. Weil er nicht wagt, den „Heldenweg" ins eigene Dunkel zu gehen, ist er in der Tiefe unsicher und passt sich den Gegebenheiten an. Der Mann kennt seine wahre Kraft nicht, die erst dadurch entsteht und wirksam wird, wenn er sie erringen muss. Er lebt in einer männlich gearteten Lebensform und schmiegt sich ein. Neuere Forschungen haben ergeben, dass Männer mit deutlich femininem Anteil die kreativeren sind. Die Abtrennung des Weiblichen im Mann unterdrückt seine schöpferischen und aufbauenden Möglichkeiten und führt statt dessen zu Zerstörungen. Er ist auch als Erwachsener schutzlos wie ein Säugling, wenn es um seinen Seelenraum geht. Doch der will betreten sein, als der Raum, der ans Transzendente rührt, dort wo wir ahnen, dass wir geborgen sind – in Gottes Hand.

MEIN CREDO

*„Die Entwicklung der Wissenschaft und
der technischen Möglichkeiten geschah in rasender Geschwindigkeit –
doch die Seelenkräfte, die Weisheit im Menschen,
konnten nicht mitwachsen, sondern schufen Raum für irritierende
Kräfte im Unbewussten"*
Esther Harding, geschrieben 1948

DAS BESONDERE UNSERER ZEIT

Lange habe ich gezögert, ob ich diese Überschrift wählen soll. Begonnen hatte ich das Manuskript als Sachbuch und das ist es auch weiterhin. Dennoch wollte ich nicht „um den heißen Brei" herumreden, weswegen es nun auch ein Buch des Bekennens wurde.

Von Albert Einstein und Bertrand Russell gab es ein Manifest, das im Satz gipfelte: „Die Menschheit sollte sich bewusst werden, dass mit dem Einsatz von Wasserstoffbomben die Existenz der gesamten Menschheit bedroht werde." Das ist vor über 60 Jahren geschrieben worden. Mittlerweile besitzen wir so viele Bomben, dass wir die Menschheit mehrfach auslöschen könnten. Noch irrsinniger ist unsere Lebenssituation, wenn man bedenkt, dass der amerikanische Präsident nur wenige Minuten lang Zeit hat, um zu entscheiden, ob er seine Gegenbomben einsetzt, gleichgültig, ob er mitternachts geweckt wird oder gerade eine Rede hält. Das Alles ist so unvorstellbar, dass wir wie Kinder in ihrer Angst mit beiden Händen die Augen schließen und leben, als gäbe es diese Bedrohung nicht.

Die Bevölkerung der Erde hat sich während meiner Lebensjahre verdreifacht und wächst von Jahr zu Jahr. Gleichzeitig breiten sich Hunger und Durst aus. Armut zwingt die wachsende Bevölkerung in Landschaften, die durch Sturmfluten und Erdbeben gefährdet sind. Kriege und Not vertreiben ganze Völker aus ihren angestammten Ländern. Unsere Lebensform lässt Tiere aussterben und Landschaften verwüsten. Höhnend ist es, dass mit wachsender

Armut der Reichtum Einzelner ins Unermessliche wächst. Die Verflechtungen von Politik und Finanz-Wirtschaft werden immer undurchsichtiger. Die Geschehnisse immer weniger lenkbar.

Was im Außen geschieht, konnte seelisch von uns nicht begleitet werden. Die Entwicklung, unsere Seele hinkt hinterher, unser wachsendes Wissen fand wenig Widerhall in unseren Seelen-Räumen. Aus dem Handwerk entstand die moderne Technik und war anfangs maßgebender Teil der menschlichen Kultur. Was ich oben beschrieben habe zeigt, wie die Technik sich verselbständigt hat, uns „aus der Hand" geglitten ist und uns jetzt bedroht, statt unser Leben zu bereichern.
Wir lebten noch nie so vereinzelt. Vom Leben in Horden bis zur Institution Kirche gab es die Gemeinschaft von Menschen und dadurch eine Geborgenheit wie eine Heimat. Unser Gottesbezug ist für Viele dahin. „Es braucht Mut, zu bekennen, dass man glaubt". Früher waren wir in die Gesetzmäßigkeiten der Familie und des Berufstandes eingebunden und fanden darin fraglos Halt. Wir leben jetzt eine Scheinwirklichkeit von menschlicher Nähe durch die Medien, Kommunikations-Techniken, virtuelle Welten und überfluten uns mit zu vielen Reizen. Die Fülle der Informationen überfordert uns, das Wesentliche zu erkennen. Der Tastsinn unserer Fingerspitzen, ursprünglich die erste Weltwahrnehmung, wird entseelt durch die Tastaturen der Technik. Wir leben gegen unseren leiblichen Rhythmus. Es ist noch nicht so lange her, dass jeder Ort seine eigene Zeit hatte. Erst die Eisenbahn erzwang eine einheitliche Zeit. Die durch Auto und Flugzeug mögliche Geschwindigkeit brachte uns den Götzen „Zeit" und fand ihren tragbaren Altar in der Verehrung der Uhren. Obwohl wir viel mehr Zeit haben als früher, hetzen wir durch den Tag. Keine Zeit zu haben, wird zum gesellschaftlichen Wert-Maßstab stilisiert.

> *„Mit dem Schritt in die Postkutsche verliert man*
> *einen Großteil seiner Menschenwürde"*
> Gottfried Seume 1803

Gleichzeitig wurde unsere Arbeit immer seelenloser und der Sinn unseres Tuns oft nicht mehr zu erkennen. Die Ergebnisse unserer Taten sind weniger sichtbar und weniger greifbar geworden. Ein Schuster konnte noch die Sohle berühren, den Klebstoff riechen. Die Maschinen entlasten uns und geben uns viel freie Zeit, die wir aber kreativ, sinnlich und körperlich nicht ausleben können. Dieses Leben wird zur „langen Weile" und zur Ursache vieler Krankheiten. Durch die schnelle und umfassende Datenverbindung können künftige Entwicklungen viel besser vorausgesehen werden. Entscheidungen werden uns abgenommen, Versicherungs-Verträge umhüllen uns. Das Abenteuer und das erregende Risiko des „Lebens" verringert sich. Weil uns das Leben erschreckt, ängstigt und schmerzt, liegt unsere Aufmerksamkeit mehr auf den Nöten unserer Zeit als auf unseren Chancen.

UNSERE CHANCEN

„Ich glaube nicht an Gott, aber ich vermisse ihn"
Julien Barnes

Der „dunklen Welt" gegenüber steht eine andere Welt mit neuen Möglichkeiten, die es ebenfalls bis jetzt in der Menschheit noch nicht gab. Dabei habe ich das Leben in Europa im Blick. Wir sind frei von schwerer körperlicher Arbeit. Leiden weder Hunger noch Durst. Wohnen in sicheren und warmen Häusern. Können frei den Ort und das Land zum Leben wählen. Haben den Überfluss und genießen das Schöne und Edle. Das Wissen aller Zeiten steht uns zur Verfügung.

Dann und wann wird mir die Frage gestellt, wieso ich mich traue, das Feine des Wohnens hervorzuheben, obwohl so viel Not in der Welt herrscht. Diese Frage habe ich lange mit mir getragen und erkannt, dass ich die Not nicht unmittelbar lindern kann. Das einzige was ich vermag, ist zu vertrauen, dass es einen Plan im Geheimnis des Göttlichen gibt und wir in der Welt nur an einem Ort ändern können – bei uns selbst. Die Freiheit, unser Leben, auch im Wohnen, selber zu gestalten, kann für uns nicht heißen, darin noch mehr Genuss, noch mehr Energie, noch mehr Ästhetik, noch mehr Wissen zu steigern. Ich bin weit davon entfernt zu moralisieren, will aber in die Verantwortung gehen, die unsere Freiheit uns auferlegt hat.

Der Umbruch in der Welt weist darauf hin, dass sich eine neue und höhere Stufe des Mensch-Seins vorbereitet. Jeder der noch hungert und auf der Flucht ist, wird dieses Sehnen nach „dem Menschen" dann erleben, wenn er eines Tages in Frieden und satt ist. Wir in der „freien Welt" sind hier und jetzt aufgerufen, Neues zu wagen. Der Drang jedes Lebewesens, von der Pflanze bis zum Menschen, ist es zu wachsen. Das geht beim Menschen über das Körperliche hinaus und meint, spätestens nach der Mitte des Lebens, ein Leben im geistigen Wachstum zu wagen. Das Besondere ist, dass wir es aus freiem Willen tun, denn wir sehen zwar die uns umgebende Not, aber haben selber keinen Leidensdruck, der uns zur Veränderung anstachelt.

DIE WEGE

> *„Die Stillen im Lande, deren äußere Wirkung gering erscheint, leisten auf der Innenseite des Menschlichen ein großes und fruchtbares Werk."*
> Erich Neumann

Jedes Geschehen trägt in sich auch eine Gegenbewegung. Dann verweist die Globalisierung zugleich hin auf die **Bedeutung des Individuums.**
Die Entlastung von schwerer Arbeit, unsere Freiheit und geschenkte Zeit, ermöglichen einen **Rückzug nach Innen** und schützt uns vor Überreizungen.

Dann ist **Selbst-Werden** mehr als nur ein spirituelles Sehnen. Was im Einzelnen als Wandlung geschieht, **wirkt** zugleich in der Gemeinschaft, **im Sozialen.**

Vor etwa hundert Jahren war uns noch nicht bewusst, dass zum **„ganzen Menschen"** jeweils auch die Qualitäten des anderen Geschlechts gehören. Man nennt es die „anima" als weiblichen Teil des Mannes und den „animus" als männliche Entsprechung in der Frau.

Wir haben zur gleichen Zeit erkannt, dass der Mensch aus der **Ich-Kraft und seinem Unbewussten besteht** und das „kollektive Unbewusste" unser Nährboden ist. Der Gang ins eigene Dunkel bringt Licht in die Welt.

Der Mensch ist ein „zu früh Geborener" und dadurch in seinem Wesen **vielfältig geprägt.**
Es sind besonders die Einflüsse aus der Zeit vor der Geburt und in den ersten drei Jahren, die unser ganzes Leben wesentlich bestimmen. Weil wir sie aber nicht unmittelbar erkennen können, braucht es spirituelles Bewusstsein und Hinwendung zum Seelen-Raum.

Die **Lebensdauer ist jetzt größer** als je zuvor. Unsere Vorstellungen wie Leben sei, rührt aus einer Zeit, in der die Lebenserwartung etwa vierzig Jahre betrug. Jetzt sind uns fast achtzig Jahre gegeben und damit Zeit, den uns angebotenen geistigen Weg zu gehen. Keck ausgedrückt heißt es, wir müssen nicht sterben, um in nächster Inkarnation den nicht vollendeten Weg weiter zu gehen. Wir haben jetzt die Möglichkeit, die individuelle Ganz-Werdung zu erreichen, indem wir **in der Mitte des Lebens absterben,** in eigener zweiter Geburt.

Rettung aus unseren Not ist jetzt im Einzelnen angelegt durch seine spirituelle Entwicklung. Das ist mehr als ein Eigenweg. Was wir in uns verwirklichen ist zugleich auch ein kollektives Geschehen. Veränderungen in der menschlichen Kultur sind immer nur von den Wenigen vollbracht worden. Je mehr wir auf uns zurück geworfen sind, umso zwingender müssen wir unseren geistigen Weg gehen. Dazu bedarf es des Rückzuges, weswegen ich das **Haus und das Heim als Tempel der Zukunft** sehe. Für jede Initiation und Wandlungszeit brauchte es früher einen heiligen Bezirk.
Es braucht die weiblichen Kräfte, zum Ausgleich der männlichen Dominanz, um Seelenqualitäten in unser Leben zu bringen. Dazu ist die europäische Frau aufgerufen, denn sie ist frei wie nie zuvor, es sei denn sie passt sich den männlichen Normen an.

> *„Die Frau der Gegenwart steht vor einer gewaltigen Kulturaufgabe, welche vielleicht der Anfang eines neuen Zeitalters bedeutet."*
> C.G. Jung in „Die europäische Frau"

Ich möchte dieses Zitat erweitern und in dieser Umbruchzeit **die besondere Stellung Europas** hervorheben. Unser Kontinent ist zwar nur ein Zipfel der asiatischen Landmasse, aber birgt eine Vielzahl von Völkern und hat die geistige Entwicklung der Menschheit in den über zweieinhalb tausend Jahren mit allen Höhen und Tiefen gesteigert. Beginnend in Griechenland, verstärkt durch Rom, verbunden mit der Botschaft des Christentum, das die Nächstenliebe und das Friedvolle meint. Wandelnde Herrschaften der Länder, ihre Lebensstile und Sprachen, Philosophien und Musik, bei allem Unheil und allen Dissonanzen wuchs immer wieder Neues und Freiheit verjüngt im europäischen Geist hervor. Wir in Europa können neue Wege gehen, denn wir sind endlich **frei von** lebensbedrohenden Nöten und dadurch jetzt **frei für** eine selbstgestaltete Zukunft.

INITIATION HEUTE

Während ich dieses Manuskript beende, kommt mir das Buch „Das Mysterium der Wiedergeburt“ von Mircea Eliade in die Hand. Seine Erkenntnisse finde ich für unser Thema so bedeutsam, dass ich schon an dieser Stelle daraus zitieren möchte. „Wichtig ist die Tatsache, dass alle vormodernen Gesellschaften der Initiation einen vorrangigen Platz einräumen. Sie bildet eines der bedeutsamsten geistigen Phänomene der Menschheit, als Begegnung mit dem Heiligen und meint einen rituellen Tod, dem eine Auferstehung oder Wiedergeburt folgt. Der Initiationstod bedeutet das Ende der Kindheit, das Ende einer Seinsweise und ist eine religiöse Erfahrung. Alle Mythen und Riten lassen sich aus der Sehnsucht verstehen, dass die körperliche Seinsweise in eine geistige verwandelt werde. Im Wunsch nach der absoluten Freiheit, die Bande zu zerreissen, die uns an die Erde fesseln.“

Vom Wort her meint Initiation „Einweihung“ und damit etwas Heiliges. Sie war ein Ritus des Übergangs und besonders für Knaben entstanden zum Eintritt in die Männerwelt. Die einzelnen Schritte einer Initiation möchte ich nur andeuten: die Einsamkeit, der Entzug von Schlaf und Nahrung, das Aussetzen in der Natur, das Schweigen, die Trennung von der Mutter. Sogar willentlich sich Schmerzen zufügen und große Wunden erleiden bis an die Grenze zum Tod – und manchmal darüber hinaus, zur Erfahrung der Finsternis, des Todes und der Nähe zu göttlichen Wesen. Obwohl die Initiation auch in mutterrechtlichen Kulturen ausgeübt wurde, gibt es nur wenige Hinweise zur Einweihung der Mädchen. Das kann daran liegen, dass die Riten der Frauen unter großer Geheimhaltung stattfanden, aber auch daher, dass ein Mädchen durch die beginnende Menstruation schon unmittelbar in das Reich der Mütter eintritt.

> *„Der innere Trieb ist ein Zwang zur Individuation. Ich-findung ist mehr als ein individuelles Streben, es ist ein Zwang der Evolution.“*
> Aldous Huxley

Dieses Thema rühre ich an, weil eine Fußnote im Buch von Eliade mich stutzig gemacht hat. „Man könnte die Psychoanalyse als eine Form der Initiation betrachten im „Abstieg“ in die mit „Ungeheuern“ bevölkerte Psyche. Das Ergebnis einer Analyse hat dann eine gewisse Ähnlichkeit mit der geistigen Verwandlung, die Initiationen bewirken.“ Wenn wir darüber hinaus gehen und die Psychanalyse vom Geruch der Krankheit befreien, kann man einen nächsten Schritt folgern. Die von mir in den folgenden Kapiteln dargelegten Wandlungen entsprechen dann der ursprünglichen Initiation, aber auf einer höheren Bewusstseins-Ebene. Unterstützt von unserer längeren Lebensdauer, so dass eine „Zweite Geburt“ zur „Mitte des Lebens“ stattfinden kann. Für Frauen ist dieses Wandlungs-Geschehen unmittelbarer erfahrbar durch den Beginn der Menstruation, durch Mutterschaft und die Wechseljahre. Der Mann ist herausgefordert, freiwillig seinen Eigenweg zu gehen.

HAUS UND WOHNUNG ALS TEMPEL

Wohnen ist ein kaum erfüllbares Sehnen.

DAS ELEMENTARE

Wir können uns nicht erinnern, doch unsere erste Raum-Erfahrung ist der Innen-Raum des Mutterleibes. Von dort kommen wir „nackt" in die „kalte, schutzlose Wirklichkeit" und müssen von Anfang an eingehüllt werden in Windel, Wiege, Raum und Haus. Im Wohnen wird dann das Mütterliche gesucht, das Umhegende, Warme und Geborgene.

Der Mensch ist ein Wesen, das von innen kommt und seine Lebensräume als Innenräume gestaltet, um dem eigenen Inneren einen Raum zu geben.

Die Wände nehmen aus der Weite der Natur und der Menschen-Menge einen Raum heraus und schaffen ein Inneres. „Innenräume" zu schaffen, geht über die Schaffung von Räumen hinaus. Auch die Familie, die Beziehungen und Gemeinschaften sind Lebensräume des Inneren.

Die Weise, wie wir heute bauen und wohnen können, ist uns erst seit kurzer Zeit möglich. Bis dahin waren die Wohnräume klein, die Familien groß

und umfassten drei Generationen. Die Sanitär-Anlagen waren unvorstellbar dürftig, geschlafen wurde mit mehreren in einem Bett.
Ess- und Arbeitstisch waren eins. Die Außenwelt hatte willkommenen Zutritt, denn Gastfreundschaft war selbstverständlich. Die Arbeitsplätze des Mannes ragten bis in den Wohnbereich hinein. Akustische Trennung fehlte ganz. Rückzug in einen individuellen Raum gab es nicht, war undenkbar. Was wohnen wirklich sein kann, war nicht in unserem Bewusstsein. Der Übergang vom Bürgertum in die Neuzeit war ein erster großer Sprung. Der Umbruch aber kam nach dem letzten Krieg. Es mussten in den zerbombten Städten schnell neue Wohnungen geschaffen werden, die vorrangig nützlich, materiell und nüchtern waren. Dann kam der Wohlstand und mit ihm der Wunsch nach Konsum. Jetzt wurde das Wohnen von Schönheit, Energie, Harmonie und Gemütlichkeit geprägt. Übersehen wird gerne, dass viel Selbst-Darstellung gebaut wird. Das lockt mich zu einem Wortspiel heraus. Ganz Individuum zu werden ist ein Wandlungsweg, der im Selbst sich vollendet. Die so häufige Selbst-Darstellung im Bauen und Wohnen ist eigentlich eine Verzerrung dieses individuellen Weges.

Dagegen hat jedes Haus durch Farbe, Klang, Form, Wachsen, Geruch, Gestimmtheit und Geschichte ein Wesenhaftes. Es drückt den Bewohner aus und stärkt ihn zugleich. Raum ist dann mutiger Ich-Ausdruck und Ausdruck des Selbst. Jedes Haus, jeder Raum ist ein Aufrichten des Selbst und gibt Halt für unser inneres Wandlungs-Geschehen.

RÄUME DER SEELE SCHAFFEN

Wir leben in einer Zeit, in der die Bevölkerung explodiert. Das künftige Bauen wird vorrangig und unvermeidbar das Errichten von Wohnräumen sein – doch in welcher Weise? Früher war das Bauen und Wohnen schützend gegen Natur, Unwetter und Tier. Der Mensch braucht jetzt weiteren Schutz für die Entfaltung seiner Seelen-Kräfte. Braucht Schutz vor den Auswirkungen der von ihm entfesselten Technik und seinen überfordernden Lebensumständen. Es wachsen zudem Generationen heran, die feinfühliger sind und bergenden Raum brauchen, darunter die Hochbegabten, die Indigokinder, die Hochsensiblen, Legastheniker und Hyperaktiven.

Es gilt auch hier das Gesetz, dass ein Geschehen in der Materie eine spirituelle Entsprechung hat. Der Rückzug aufs Haus und in die Wohnung ist Gegenbewegung zu den oben von mir aufgeführten „dunklen Kräfte". Das ist keine Flucht, sondern der notwendige Mut, das eigentlich Menschliche zu leben. Das bedeutet, Räume zu schaffen, in denen die Begegnung mit dem Unbewussten zu einer Befreiung der Seelen-Kraft wird. Die Individuation des einzelnen Menschen, seine Hinwendung zum eigenen Seelenraum, zum Numinosen und dem Göttlichen in sich, ist ein Weg der Hoffnung. Für diesen Weg bedarf es des schützenden Raumes. Es können dann Haus und Wohnung zum Tempel werden.

> *„Haus und Tempel waren eins; beide sind ‚Gotteshaus'"*
> van der Leeuw

Für unsere Vorfahren war jeder Bau eines Hauses die Wiederholung der Welt-Schöpfung und damit war Bauen ein „heiliges" Geschehen. Wird das Haus ein bloßer Wohnraum, so verliert sich der kosmisch-heilige Charakter. In Worten von Mircea Eliade: „Eine Wohnstatt bauen, heißt eine lebenswichtige Entscheidung treffen, denn es ist Welterschaffung. Die Wohnung ist immer geheiligt, denn sie ist Abbild der Welt. Wer einen Raum ordnet, wiederholt das Werk der Götter. Wir sind nicht Wesen mit Geist, sondern Geistwesen in einem Leib."

Durch die Dominanz des Männlichen wird den Seelenqualitäten und der transzendierenden Entwicklung immer weniger Raum gegeben. In einer Zeit, in der kein Halt mehr gegeben ist durch Tradition, Stände, Nähe zur Natur und Familie – für Viele nicht einmal in der Religion. Ein spirituelles Bauen und Wohnen kann die entfallenden Tempel und Kirchen nicht ersetzen, wohl aber den eigenen geistigen Weg unterstützen. Ein „Neues Bauen" braucht dringend die weiblichen Qualitäten. Die „neue" Wohnung ist nicht ein Elfenbeinturm vor der ungeheuren Gewalt, sondern eine mögliche Gegenbewegung. In der Hoffnung, dass solche Wege wirken wie das Kleinste in der Homöopathie.

Die männliche Weise, die Welt zu gestalten, breitet sich immer mehr aus, wie die technische Entwicklung in Asien zeigt. Es liegt darin eine Ironie, denn über Jahrzehnte hatten wir im Westen das Bedürfnis nach der Lebensweise des Weiblichen, der Yin-Kraft. Wir wandten uns dem Yoga zu, der Zen-Meditation, Ayurveda und Tai Chi und vielem mehr. Es ist, als sei es eine Vorbereitung gewesen, den weiblichen Aspekt in unser Leben zu bringen. Es heißt, der Westen habe seine Kraft verloren und verfalle. Eine neue Kultur aber kann gerade in unserem europäischen Lebensraum gelingen. Aus unserer Freiheit heraus, durch das Freiwerden der Frau und weil hier die weibliche Kraft mitwirkt.

Die Tempel waren das häusliche Leben der Götter.

Der fehlende Bezug zur Institution Kirche bedeutet nicht, dass unser Gottes-Bezug aufgehoben ist. Wir ersehnen das Numinose und das Geheimnis des Göttlichen, auch wenn es uns in der eigenen Tiefe nicht immer bewusst ist. Die Wege zum Göttlichen aber sind jetzt anders. Sie sind weniger kollektiv, sondern individueller. Die Wohnung als Tempel schafft der Seele ihren eigenen Raum.

AUS DER MENSCHHEITS-GESCHICHTE

„Die innere Verbindung mit den menschlichen und tierischen Ahnen bedeutet psychologisch eine Integration des Unbewussten."
C.G. Jung

Neben den Prägungen aus der eigenen Kindheit gibt es Seins-Vorgaben aus der Vorgeschichte des Menschen. Sie sind vielfach unbewusst und wirken deshalb besonders stark auf uns ein. Wie lebendig alte Verhaltens-Muster noch in uns wirken, zeigen Menschen auf, die in einem Raum sind. Sie sehen sich nicht und dennoch machen sie die gleiche Geste. Einer führt die Hand zur Nase und ungewollt und unbewusst macht ein Anderer dieselbe Geste. Das ist Gleich-Gestimmtheit aus dem Horden-Dasein. Die Abbildung zeigt, wie lange diese Vor-Zeiten auf uns einwirkten und wie kurz die Moderne ist mit ihren umstürzenden Geschehnissen und ihrer Entfernung von der Natur.

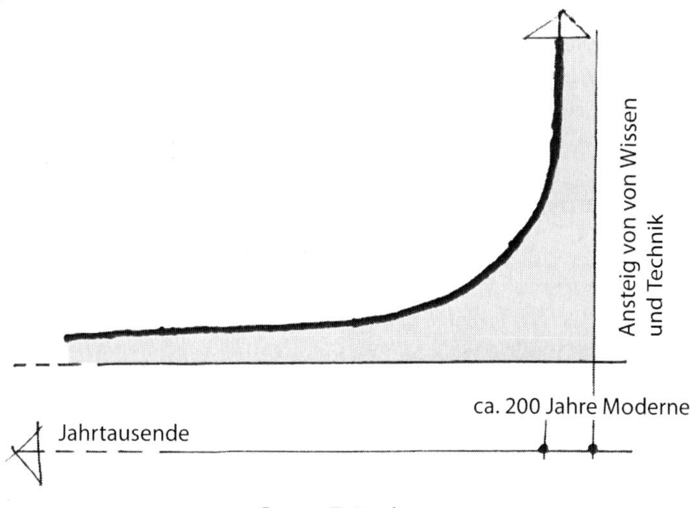

Raum-Zeitachse

Der tägliche Wechsel von Licht und Dunkel, Wachen und Schlafen sind unsere Grundgegebenheiten. Sie sind einander fremd und doch eins. Im Dunkel der Nächte wuchsen die Träume und geheimnisvollen Erfahrungen, aus denen tiefste Ängste entstanden. Das Wunder des Lichtes gab dann Führung und Orientierung. Die Sonne zog Herz und Wachstumsfreude gen Himmel, die Schwere der Erdkräfte zog hinab. Das Innere des Urwaldes und das Geheimnis des Meeres lockten. All das hat Jahrtausende auf uns eingewirkt und den Menschen in seinem Wesen geprägt bis hin zum Widerhall im Männlichen und Weiblichen.

Als das Land auf Erden noch leer und grenzenlos war, lebten nur wenige Menschen in dieser Weite und fanden Geborgenheit in der Gruppe. Man lebte gemeinsam. Es war die Zeit der Hirten. Als Nomade zog man dort hin, wo die Erde Nahrung gab. Es waren die Frauen, die Räume schufen. Sie stellten die Zelte her, richteten sie auf und bauten sie ab. Das Leben zwischen Mann und Frau „ging Hand in Hand". Allen „gehörte" der ganze freie Raum. Es gab keinen dauerhaften Besitz, der Macht bedeutete und der zu verteidigen war. Doch schon damals gab es Unterschiede. Durch ihr Mutter-Sein war die Ausdehnung in Raum und Zeit für die Frau begrenzt.

Als der verfügbare Lebensraum enger wurde, mussten die Männer zur Jagd weiter hinaus oder führten ihre Herden in fernere Gebiete. Das Nomadentum endete, es entstanden feste Häuser. Dazu musste gerodet werden, Bäume mussten fallen. Die „Wüste" und der Feind waren uns damals der wuchernde Wald, die Wildnis. Es war der erste und mächtige Eingriff des Mannes in die natürliche, organische Ordnung, ins Lebendige. Es war seine Tat, denn er hatte die größere körperliche Kraft. Er schuf, um zu überleben und brauchte Strukturen und Ordnungen gegen das Chaos. Die Männer mussten nun zur Jagd noch weiter vom Dorf sich entfernen und auch größere Tiere erlegen. Dafür reichte die Kraft eines Mann nicht aus. Er brauchte die Gemeinschaft einer Gruppe, gutes Jagdwerkzeug und wirksame Waffen. Es entstand der bedeutsame Beruf des Schmiedes und sein tragender Mythos – und der Beginn unserer jetzigen Technik.

Die Bevölkerung wuchs weiter an. Statt zu jagen, wurden Herden auf Weiden groß gezogen und das Land bestellt. Siedlungen entstanden. Dörfer tauschten untereinander aus. Die kürzeste Verbindung zwischen ihnen war die Gerade. Ein erstes geometrisches und körperliches Erleben, ganz entgegen den Bewegungen des rituellen Tanzes. Die Frauen und Mütter waren ans Dorf gebunden, bestellten den Acker, ernteten und schufen Vorräte. Das Leben der Frau war nun umhegt und weniger gefährdet und schuf Raum nach Innen. Durch die Siedlung entstand Besitz, der zu verteidigen war. Was man verteidigte, war das Eigene, war Eigentum. Auch die Frau wurde als beschützendes Eigentum gesehen.

Die Bevölkerung wurde immer größer. Es entstanden Kriege, auch der Kampf mit den Groß-Tieren brachte Todesgefahren. Neben dem Raumgefühl, dem Besitz und der anwachsenden Materie entstand das Gefühl der Vergänglichkeit, das den Frauen vertrauter ist und durch das Hegen und Pflegen der Pflanzenwelt ihrem Wesen nah. Das ist dem Mann fremder. Er begann, sich gegen die Vergänglichkeit zu stemmen und verwirklichte sich in der Materie.
Neben Ding und Raum wurde auch das Erleben der Zeit eine andere. Die Nähe zur Natur mit ihren zyklischen Abläufen – den Wiederholungen, dem Absterben im Herbst, der Tiefe des Winters und dem Neubeginn des Frühlings – prägte den Lebensablauf und schuf Seelenräume. Auch der Tag war von der Natur bestimmt – vom Aufgehen bis zum Niedergehen der Sonne. Die Generationen teilten sich Raum und Zeit. Weil nur Kerzen oder Feuer die Räume erhellten, waren die dunklen Phasen die Zeiten der Passivität und der Hinwendung nach Innen. In diese seelischen Innen-Räume gaben die erzählten Märchen mit ihren Geheimnissen einen tiefen Widerhall im Gemüt. In diesen „Räumen der Zeit" fand sich die Frau in ihrer körperlichen Gegebenheit wieder. Sie wurde immer mehr eins mit der äußeren Zeit. Das stille Tun des Spinnens und Webens wob Geschichten ein in die Materie.

Natur war Gott gewollt und so war Zeit etwas Göttliches.

Das Zeitgeschehen war bis dahin wie ein In-Sich-Kreisen. Als Sesshaftigkeit und Technik sich vertieften, konnte man Zeiträume planen, Bauwerke langfristig gestalten, die Menschen organisieren und die Natur kontrollieren. Bis dahin war das Leben ein kreisendes Sich-Wiederholen mit wachsender innerer, seelischer Vertiefung. Der Mensch hat fast die ganze Zeit seiner Evolution im Naturmilieu verbracht. Daher seine tiefe Beziehung zum Organischen, Pflanzlichen, Unregelmäßigem und den Rhythmen der Zeit.

Jetzt aber wurde die Zeitwahrnehmung linear – vom Impuls, zum Ziel, zur Verwirklichung.

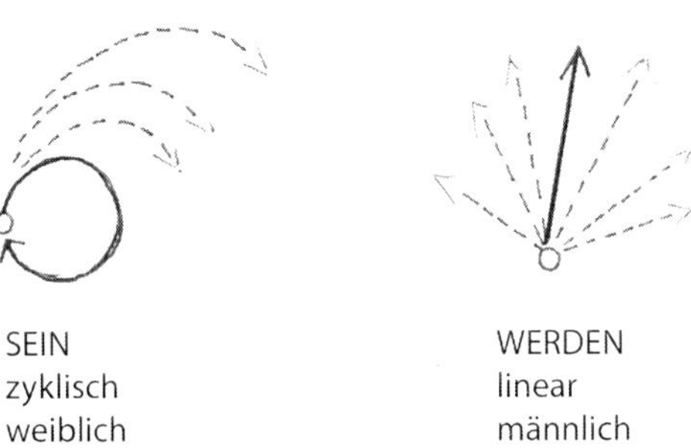

Linear und zyklisch

Aus dem Erleben der Vergangenheit folgte die planbare Zukunft. Die neue Zeitordnung wurde durch die Idee des „Werdens" über die Idee des „Seins" gestellt. Das fand im Abendland sein geistiges Fundament im Christentum – in der Wegvorstellung „gen Himmel". Fortschritt und Wachstum bestimmten nicht nur die Wirtschaft, sondern auch das Alltagsdenken. Das Leben wurde weniger von einem Sinn getragen, sondern von der Ordnung einer zeitlichen Ab-Folge. Nun wurde Zeit messbar und vergleichbar, denn vor erst 500 Jahren wurde die Uhr erfunden. Das Schlagwort „Time is money" zeigt uns die Zeit jetzt als einen Marktwert. Man musste schneller werden, wenn man in gleicher Zeit mehr leisten und verdienen wollte. Das wurde unterstützt durch Bahn, Auto und Flugzeug. Für das reine Da-Sein war immer weniger Zeit gegeben.

> Sein ist und bleibt.
> Eine Tat verwirklicht und „vergeht" im Gestalteten.

Schon im Alten Testament sind die wesentlichen Handlungen und Darstellungen unseres männlich orientierten Weltbildes dargelegt. Es sind die Männern, die bewirken, tun und gestalten. Eine wesentliche Tat bestimmt das Schicksal des Mannes bis heute – als Kain den Abel tötet, der Sesshafte den Hirten. Darin steckt eine Ur-Schuld des Männlichen. Es ist, als ob die

Ereignisse aus der Menschheits-Geschichte jetzt zwischen den Geschlechtern besonders eingreifend wirken. Wir mussten roden, um menschlich zu leben. Die Taten des Mannes waren lebensnotwendig. Taten sind gerechtfertigt, wenn sie dem Menschen und zugleich dem Göttlichen gehorchen. Dann wird der Eingriff in eine gefügte Einheit durch das nachfolgende gewandelte Leben gesegnet. Die pure Tat, lediglich des Tuns wegen getan, ist Leben vernichtend... und das erleben wir jetzt. Es geht nicht um sentimentales „Zurück", sondern um Anerkennen unserer geschichtlichen Vorgaben, die uns eingeprägt sind. Die wir geistig durchdringen und in Lebens-Kraft verwandeln dürfen. Wenn wir der Spur unserer Vergangenheit und ihrer Wirkung nach horchen, können wir mehr von unseren heutigen Reaktionen erkennen und ändern.

ZUM SEELENRAUM

DIE SEELE ENTDECKEN

> *„Seele und Sinn der Nacht ist der Tag –*
> *Mutterleib des Lichtes die Nacht“*
> Ludwig Klages

Wird die Frage gestellt, was denn die Seele sei, entsteht oft Unsicherheit und Worte kommen auf wie: „gemütlich, sich wohl fühlen, sich Gutes tun, Musik hören, ein Gedicht lesen.“ Das Wort Seele ist zu einer Floskel geworden und meint oft nur Sentimentalität. Die uns vertraute, moderne Wissenschaft der „Psychologie“, meint vom Wort her: „Seele und Rede, Wort und Vernunft“. Dennoch findet man in Wörterbüchern nur wenige Erläuterung zum Thema „Seele“. Man sondert die Seele aus in die Philosophie oder Theologie, als ob man nicht recht weiß, wie damit umzugehen sei. Von der Seele zu reden ist altertümlich und fast so unanständig, wie von einer Tugend zu sprechen. Im Alltag wird der Begriff „Seele“ abschätzig in die esoterische Ecke verbannt. Wenn wir aber davon sprechen wollen „Räume der Seele zu schaffen“ dann bedarf es der Rückschau. Nach C.G. Jung kann man in religiösen Dingen nichts verstehen, was man nicht innerlich erfahren hat, denn die Seele hat eine religiöse Funktion.

> *„Im Westen ist es durch den Materialismus zu einer allgemeinen Unterschätzung der Seele gekommen. Die Seele wird gradzu als nichtswürdig angesehen. Wer von der Wirklichkeit der Seele spricht, dem wird „Psychologismus“ vorgeworfen... Die Begegnung mit dem Mysterium der Seele ist von einer Gotteserfahrung nicht zu unterscheiden“*
> C.G. Jung

In hohen Zeiten unserer abendländischen Kultur war die Seele das Bindeglied zwischen Mensch, Welt und Gott. Man nannte sie den „Vorraum Gottes“. Das begann mit den Vorsokratikern wie Heraklit, Anaximander,

Pythagoras und Empedokles. Dann in der Renaissance war es die Blütezeit mit Agrippa, Paracelsus, Kepler und den Mystikern Böhme, Tauler, Meister Eckhardt und Silesius. Nachklingend kamen mit der Romantik Schelling, Carus, Schlegel und Novalis. Es waren immer Zeiten einer allumfassenden Weltschau in der Atmosphäre mystischer Erfahrungen. Für sie war die Seele das Empfangsgefäß für das Göttliche in uns. Ihre Wahrnehmungen fassten sie in Worte, die ich nicht überbieten kann, weswegen ich sie zitiere. „Die Seelen verschwinden nur, um in anderer Gestalt wiedergeboren zu werden. Es gibt keinen Tod, alles Sterben ist Wiedergeburt. Die Verewigung der Menschenseele ist ihr Gottwerden wie ihr Naturwerden. Die Menschenseele wird unsterblich und ewig." Anaximander.

> *„Die Seele in uns ist Maria. Sie empfangt und gebiert Gott. Gott kann nur in der Seele geboren werden."*
> Meister Eckhardt

In unserer Zeit gibt es weitere Hinweise. „Die Seele ist das Tor, ist das Erfassen Gottes jenseits von Körper, Verstand und Wille." Teilhard de Chardin. Nach Rudolf Steiner: „Die Umwandlung körperlicher Dinge in seelische ist ein Mysterium und jenseits menschlichem Verstand. Man steige hinunter in die Seele: und man wird das Ewige finden. Die Seele ist nicht die Persönlichkeit, sie gehört der Unendlichkeit an. Sie ist dem Wahren, dem Ewigen verwandt und nicht dem Zeitlichen, Scheinbaren. Die unbewusst wirkende Kraft der Seele, lässt das Göttliche ins Bewusstsein eintreten. Die Seele ist die Mutter des Göttlichen. Unbewusst führt sie mit der Notwendigkeit einer Naturkraft den Menschen zum Göttlichen hin. Lasse die Seele von der Natur sich befruchten, so wird sie ein Göttliches gebären."

Auch Beuss hat sich geäußert: „Das einzige was sich lohnt aufzurichten, ist die menschliche Seele. „Seele" im umfassenden Sinn. Nicht nur das Gefühlsmäßige, sondern auch die Erkenntniskräfte, die Fähigkeit des Denkens, der Intuition, der Inspiration, das Ich-Bewusstsein, die Willenskraft. Das sind alles Dinge, die sehr stark geschädigt sind in unserer Zeit. Die müssen gerettet werden. Dann ist alles andere sowieso gerettet. Es hat keinen Sinn, ohne diese Gedanken biologische Kartoffeln anzubauen."

KÖRPER UND SEELE

„Die Seele schafft sich das Körperliche als ihren Ort."
Plotin

Nach Rudolf Steiner schafft sich die Seele äußerlich einen Leib, als Kleid für die Seele. Er folgert weiter, was für unser Bauen und Wohnen so bedeutsam ist: „Was wir im Tastsinn haben, ist ein inneres Erlebnis, aber was da innerlich vorgeht, das bleibt ganz im Unbewussten. Das strahlt in die Seele hinein und ist nichts anderes als das Durchdrungensein mit dem Gottgefühl. Der Mensch würde, wenn er keinen Tastsinn hätte, das Gottgefühl nicht haben – das Durchdrungensein mit dem Sein als solchen." Die Weisheit der Sprache drückt es aus im „Fingerspitzen-Gefühl ". Wollen, Denken und Fühlen ist uns Menschen gegeben. In dieser Drei-Einigkeit ist es aber nur dass Fühlen, das den Körper erregt und ihn bewegt. Wille und Verstand berühren den Menschen nicht in seinen organischen Reaktionen. Die Seele aber ist das empfangende Gefäß, dessen, was der Körper fühlt – ihre Antwort ist das Gefühl, das sich wiederum verfeinert in der Empfindung. Aus der großen Drei-Einigkeit von „Körper, Geist und Seele" – „Herz, Geist und Seele" – „Wille, Verstand und Seele" springt der Funke über von der Seele zur Welt und dann zu Gott. Dann ist Seelisches, Sinnliches und Göttliches eins. Die Göttlichkeit der Seele ist die Beseeltheit der Welt und die Weltlichkeit Gottes. Das Wesen des Körpers ist die Trägheit, der Zug zur Erde hin. Das Wesen der Seele ist der Aufschwung, das Sehnen – zwei Bewegungen, die eins werden wollen, wie das Atmen.

WIRKUNGEN DER SEELE

„Auf der Erde und im Himmel gibt es nichts,
das Gott mehr gleicht als die Seele des Menschen."
Niko Kazantzakis

Die Seele gibt das stille Hochgefühl, zugehörig zu sein zum Menschen und zur Natur. Sie ist mit dem Kosmos verbunden und in liebender Verbundenheit und Einfühlung in den anderen Menschen. Der Drang ist in uns, die Seele ganz zu füllen und führt zur Einheit und Erfassung der Unendlichkeit. Unsere Seele ist wie die Luft ein Lebenshauch und verbindet alle Dinge. Psyche hieß ursprünglich Hauch und „ruach“, ist Atem und war der Lebensgeist, den Gott Adam einatmete. Ursprünglicher noch als das griechische Wort „psyche“, meinte Seele den „Schmetterling“ und damit die Verwandlung. Jede Seele strebt zu sich selbst und strebt zugleich in die Gemeinschaft – wie in eine Heimat, strebt sie in beidem zum Ganzen. Die Seele ist göttlich und sehnt sich es zu sein. Sie muss rein und leer werden, um Raum zu geben für das göttliche Wirken in ihr. Das wird zur unmittelbaren Gotteserfahrung und bedarf der kirchlichen Institutionen nicht.

„Der Seelenraum weitet sich mit der verfeinerten und
intensiveren und Lebens froheren Körperlichkeit,
denn der Körper gebärt den Geist und die Seele.“
Teilhard de Chardin

Die Seele nährt sich und wächst aus dem Unbewussten. Damit sie rein wird und rein bleibt, muss das Unbewusste als wirkend akzeptiert und der Wunsch nach Durchlichtung des Dunklen angenommen werden. Das Unbewusste ist unsere Urkraft und unser Schöpfungsgrund, doch verbunden mit den Kräften der Emotion, der Gefühle, Prägungen und einengenden Lebensmuster. Das Dunkle des Nicht-Bewussten macht Angst und braucht den Schutzraum des vertrauenden Glaubens. Gott, der Unerfahrbare, wird erfahren, wenn wir ihm „dennoch“ vertrauen. Das ist ein Paradoxon, doch Seelen-Raum schaffen ist auch der Weg zur Ganzwerdung, ausgedrückt durch das Selbst. Das wiederum fordert heraus, als Mann das Weibliche und als Frau das Männliche in sich zu wecken.

„Alles ist austragen und dann gebären. Jeden Eindruck und jeden Keim eines Gefühls ganz in sich, im Dunkel, im Unsagbaren, Unbewussten und dem eigenen Verstand Unerreichbare sich vollenden lassen und mit tiefer Demut und Geduld die Stunde der Niederkunft einer neuen Klarheit abwarten: das allein heißt künstlerisch leben: im Verstehen wie im Schaffen.“
R. M. Rilke

SEELE UND SINNLICHKEIT

„Nur das eigene, überschwellende, unendliche Lebensgefühl führt zur Erkenntnis des Lebens und der Unendlichkeit. Die Triebkraft zum Seelenraum und zum Geheimnis des Göttlichen entsteht aus überschäumender Lebensfreude. Das ALL-EINS-GEFÜHL sprengt dann die Grenzen des Gefühlsraumes." Die Seelenraum-Wände werden durchlässig für das Göttliche in uns. Es verwundert nicht, dass Heilige wie Augustinus und Franz von Assissi zuerst Lebe-Männer waren. Je feiner und damit bewusster der eigene Körper erkannt und geliebt wird, umso sinnlicher, umso näher der Seele, umso Sinn gebender werden die eigenen Wahrnehmungen und Regungen. Man kann es auch so ausdrücken: Je freudvoller wir im Körper zu Hause sind, umso mehr wird die Seele angeregt und belebt durch die Steigerung des sinnlichen Erlebens. Die sinnliche „Ekstase", ist ein Körper-Erleben, weitet die Seele und lässt sie wachsen, bis sie sich „umstülpt" in eine andere Erfahrungs-Dimension, der Einheit aller Gegensätze.

EINÜBEN DER SEELEN-KRAFT:

> *„Selbsterkenntnis, Besinnung und Meditation sind die Wege, frei zu werden, um zu erkennen, was man ist, von wem man abhängt, zu wem man gehört, und zu welchem Zweck man gemacht und geschaffen ist, von wem und durch wen. Dann wird das in der Seele eingepflanzte Gottesbild aufleuchten…"*
> Gerhard Dorn, Schüler des Paracelsius

Wenn ich zusammenfasse, was die Seele braucht und was ihr gut tut, dann klingt in den kurzen Worten schon an, was **im Bauen und Wohnen verwirklicht** werden will, um der Seele einen Raum zu schaffen.

KONKRET:
Anerkennen, dass es die Seele gibt in bewusster Hinwendung zur ihr. Meditative Zeiten der Ruhe und der Stille, um Körper und Seele miteinander zu verbinden. Vom Hören zum Horchen gelangen und dann der „Inneren Stimme" gehorchen. Den Träumen und inneren Botschaften sich hinwenden. Die

Kraft der Zeit würdigen in Wiederholung, Warten, Geduld und Dauer. Das Tun verlangsamen und das Geheimnis der Pause erleben. Die Sinnlichkeit im Fühlen vertiefen. Durch Ertasten der Dinge die Grenze zum Innenraum der Seele erfahren und die Seele als Grenzraum zum Gottesraum. Das Wunder des Atmens sich gönnen. Wohltuende Gerüche und Farben als Wesen erkennen. Begegnung mit anrührender Kunst. Das unmittelbare Sein der Kinder und die Poesie des Spielens wieder erwerben durch Musik und Poesie, Singen und Tanzen. Räumliche Geborgenheit geniessen in Schönheit, wohltuender Ordnung und menschlicher Wärme. Sakrale Räume erleben und spirituelle Feste. Den Willensdrang zügeln und dann und wann ziellos sein. In der Natur sich Blumen, Pflanzen und Tieren zuwenden. Den Bäumen begegnen. Müßig Gehen.

SEELEN-RÄUME SCHAFFEN

> *„Der Kontakt zwischen Seele und Natur kann, da sie verschieden sind, nicht im Sein, sondern nur in der Wandlung erfasst werden. Die Seele wandelt sich in und mit der Natur.“*
> Anaximander

Das Geheime im Haus und im Garten regt das Numinose an. Das zu erleben ist gerade für die Kinder-Seele bedeutsam. Bereitet und öffnet und macht sensibel für eine spätere religiöse Einbindung ins Welt-Erleben. Das Heim sei heimelig und geheim im „Geh heim“ und auf sich zu, in sich hinein. Es gilt, Seelenräume zu schaffen und sie so zu gestalten, dass sie zu neuen Tempeln werden. Die einfachen Tätigkeiten im Haushalt, die Umwandlung der Materie in der Küche, das Ordnen und die Schönheit, die gute Wiederholungen machen die Seele empfänglich für das Numinose.

WEGE ZUM SEELEN-RAUM

EMOTIONEN UND BEDÜRFNISSE

> Vorhin war ich wütend auf Dich. Dann kam ich in eine andere Stimmung und ich konnte Dich fühlen. Jetzt empfinde ich Freude.

Diese Worte sind eine Folge aus Emotion, Stimmung, Gefühl und Empfindung und weisen auf die immer feiner werdenden Seelenkräfte hin. Ich gebe diesem Thema viel Bedeutung, weil der Weg von den triebgesteuerten und verzerrenden Emotionen hinführt zu den feinen Empfindungen, die Schlüssel zum Seelenraum sind. Zu oft werden Emotionen und Gefühle vermischt, weil wir keine Schulung haben, mit ihnen umzugehen. Emotionen können zudem alle anderen feineren Regungen übermachten und dadurch den Weg zum Seelenraum erschweren oder gar verschließen. Vielen ist der Unterschied zwischen Emotionen und Gefühlen nicht bekannt, weil es keine eindeutigen Grenzen zwischen ihnen gibt und beide Regungen den Körper stark ergreifen. Eine solche Vermischung kann auch das gemeinsame Wohnen und besonders in Partnerschaften erschweren.

> Emotionen sind Relikte aus unserer „animalischen" Vorzeit und älter als unser Bewusstsein und unsere Seele. Sie wurzeln im Unbewussten und manifestieren sich im Körper.

Die Entwicklung des Menschen brachte es mit sich, dass der Kopf wuchs und das „Reptiliengehirn" überlagert wurde. Das ist sogar ein medizinisches Sachwort und deutet darauf hin, dass hier die Instinkte, Reflexe, Affekte und Hormonsteuerungen verankert sind. Hier wirken die zum Überleben nötigen Reflexe wie Flucht, Abwehr und die Triebe nach Nahrung und Fortpflanzung. Sie sind mit anderen Teilen des Gehirns verbunden und die antreibende Basis, aus der unsere Gefühle und Erregungen entstehen.

Das von der Großhirnrinde umhüllende „Limbische System" beinhaltet die Gefühle und Stimmungen. Hier erleben wir Emotionen als unbewusste Stimmungen, die unser bewusstes Verhalten aber stark beeinflussen können.

Sie verleihen unseren Wahrnehmungen und Gedanken eine emotionale Färbung und lenken unser Interesse auf das, was die meiste Aufmerksamkeit braucht. Es entstehen positive und negative Gefühle, die in Verbindung stehen mit der obersten Hormondrüse, wo unsere Emotionen in Körpergefühle umgewandelt werden.

WIRKUNGEN HEUTE

> *„Die zurück gehaltene Emotion wirkt isolierend wie ein unbewusstes Geheimnis und ebenso störend."*
> C.G. Jung

Emotionen, Gefühle und Reize haften an uns. Wir sind nicht frei von ihnen. Früher waren die Gefahren lebensbedrohend und wurden unmittelbar durch Natur, Feinde und Tiere sinnlich und körperlich erfahren. Die äußeren Reaktionen wie Flucht oder Angriff verlagern sich jetzt in unser Innenleben. Sie sind dort weniger greifbar, sind diffus und unheimlich und wirken direkt in unseren Seelenraum ein, verwirren ihn und stören unsere Geistesruhe. Die ursprünglichen Angriffskräfte sind nicht mehr real, sondern wirken nun irreal durch Bilder, Vorstellungen, Worte und Gesten. Hinter ihnen aber drängen immer noch die archaischen Kräfte von Angst und Aggression als ererbtes Fliehen und Kämpfen. Die Entsprechungen sind jetzt die Reue aus den Taten der Vergangenheit oder die Furcht vor der Zukunft. Sie äußern sich in Sorgen und Schuldgefühlen.
Emotionen können ausgelöst werden durch Hunger und Durst, Körperbeschwerden, körperliche, geistige und seelische Überforderungen, schwere Träume. Vielfältig sind die Reaktionen aus Ärger, Vorwürfe, Trauer, Zorn, Eifersucht, Empörung oder Rechtfertigung, Ohnmacht, Rückzug und Abwehr. Emotionen haben leider die Tendenz, sich zu steigern. Sie verstärken sich schnell, schwellen lawinenartig an und können körperliche Beschwerden an Herz und Puls erzeugen und psychische Veränderungen bewirken. Dann werden oft alte Lebens-Muster angerührt und verstärkt. Muster, die gar nicht zu der ursprünglichen Reaktion gehören. Schlimmer noch, sie können irrational werden und sich verselbständigen. Es ist dann, als ob sich die

Emotion wie eine eigen Kraft gestaltet hat und sich wie ein drittes Wesen verhält, das mit zwei Streitenden macht, was es will.

Es entlastet uns, wenn wir wissen, dass emotionale Reaktionen nichts mit unserem wahren Selbst zu tun haben. Sie sind nicht-persönliche Kundgebungen unseres Körpers und nicht mit dem Ich verschmolzen. Die Herausforderung ist, dass uns Emotionen faszinieren, weil sie uns das Gefühl von Kraft geben. In unserer Zeit der einseitigen, oft eintönigen, sitzenden und denkenden Berufstätigkeit und den passiven Vergnügungen durch die Medien entsteht ein starker Drang, sich ihnen hin zu geben. Emotionen sind eine dynamische Kraft. Wenn man sie lebt, dann fühlt man sich lebendig. Leben lebt vom Reiz. Wir aber sind über-reizt und brauchen immer höhere Reize und trennen uns darum nur schwer von Emotionen, die ja Energie sind. Es gibt von Bruegel ein Bild zu Saul, in dem die Natur alles überwuchert und die Menschheit erstickt. Vielleicht sind es nicht Unwetter und Sturmfluten, sondern die ungewollten und unerkannten Kräfte des Reptiliengehirns, die uns übermachten wollen.

DER UMGANG MIT EMOTIONEN

> *„Man hat sich den triebhaften Impulsen des Unbewussten auszusetzen, ohne sich damit zu identifizieren, ohne „davonlaufen“*
> C.G. Jung

Emotionen dürfen nicht unterdrückt werden, das kann mehr als nur kränken. Es geht darum, sie als menschliche Tatsache zu akzeptieren und zu meistern. Wenn sie uns übermachten, erzeugen sie Schuldgefühle und binden Energie. Emotionen sind nichts Schlechtes, sondern Kräfte, die wir durch Zügelung uns dienlich machen können. Wir sind nicht die Emotionen. Wir dürfen lernen, die Emotionen und Gefühle zu unterscheiden, weil sie so nah miteinander verbunden sind und beide körperliche Reaktionen erzeugen.

VOM GEMEINSAMEN LEBEN

Emotionen sind meistens auf ein Gegenüber bezogen.

Die Emotionen sind besonders im Leben der Frau herausfordernd. In der Menstruation geschieht monatlich eine „Neugeburt“. Dann ist eine Frau dünnhäutig, kann sich in unserer Gesellschaft aber nicht zurückziehen, obwohl Gefühle und Emotionen aufwallen und nach Alleinsein „rufen“. Weil die Menstruation noch immer tabuisiert ist, werden Gefühle und Emotionen unterdrückt, um dann explosiver an unvermuteter Stelle und zu unerwarteter Zeit aufzubrechen. Man spricht dann leichthin von „schlechter“ Laune und darf bedenken, dass dieses Wort von „luna“ abstammt und den Mond als wechselndes und verwandelnes Wesen meint. Wenn eine Frau um diese Vorgaben weiß, wird sie sich besser verstehen und durch die Weisheit ihres Körpers diese Zeit mehr als ein spirituelles Reifen erleben können.

Aber auch der Mann ist herausgefordert, weil auch seine Gefühle und Emotionen unmittelbar mit dem Körper verbunden sind. Denken dagegen ist körperfrei. Weil Gefühle und Emotionen aber beide auf den Körper und seine Reaktionen einwirken, sind sie so schwer zu unterscheiden. Das ist für den Mann bedeutsam, denn er lebt in Taten. Früher konnte er seine Kraft ausleben im Pflügen, Mähen oder Hämmern. Das fehlt jetzt, aber die Emotionen bleiben dennoch als Wirkkräfte in ihm lebendig. Messer, Hammer, Beil und Schere leiten nicht mehr unsere Emotionen im Handwerk ab. Viele Männer kennen den Umgang mit ihren Emotionen nicht. Weil sie von Natur mit mehr physischer Kraft ausgestattet sind, diese aber in unserer industrialisierten Welt nicht ansetzen können, bleiben seine Emotionen zwar angeregt, aber können sich als Kraft nach innen kehren, bis hin zur Selbstzerstörung. Weil die Wirkungen jetzt im Inneren und damit im Unbewussten geschehen, werden auch die Ängste größer.

DIE EMOTIONEN ZÄHMEN

Zuerst erkennen und anerkennen, dass die Emotionen zu uns gehören, sie aber nicht Wesensteil von uns sind. Sie unbeteiligt betrachten, wie Buddha es empfiehlt und sich zugleich als Objekt und Subjekt des Geschehens empfinden. Die uns schüttelnden Emotionen und Ängste in „reiner" Anschauung wahrnehmen und sie dadurch „objektivieren". Das „reinigt" im Sinne dieses Wortes, Energien zu trennen, die nicht zueinander gehören. Als Subjekt betroffen sein und sich dennoch gleichzeitig als Objekt der Herausforderung bewusst werden. Diese „reine" Anschauung der Emotion ist wie ein Bewusstseinsstrahl. Blitzhaft wird Licht geworfen auf das, was im eigenen Dunkel liegt. Mein Ich ist dann lediglich das „Schlachtfeld" der inneren Kräfte und Emotionen werden als Energie erkannt. Das kann verstärkt werden, wenn man erspürt, wo man im Körper reagiert. Mit dem Wort: „ja, ich bin aggressiv" die Aufmerksamkeit zu diesem Körperbereich leiten und auch Schmerzen dort zulassen – in Dankbarkeit. Eine weitere Unterstützung ist die Kraft des Atmens. Sie ist die Lebenskraft des Odem in uns. Im Atmen diesen Körperteil mit einbeziehen.

Damit die Emotionen nicht unsere Gedanken, Worte und Handlungen bestimmen, müssen wir sie bewusst auf eine höhere Ebene führen. Sie willentlich ausdrücken, ohne dadurch jemanden zu verletzen. Sei es durch körperliches Tun oder im Tanz sie herausschleudern. Wir können die Kraft der Emotionen für uns nutzbar machen, wenn wir seelisch unbeteiligt sind und sie führen. So kann Zorn eine nötige Emotion sein, um Widerstand leisten zu können oder um nicht verwundet zu werden. Wir brauchen diese Kräfte sogar, wenn wir klare Grenzen setzen wollen. Ein Mann, der wenig Zugang zu seinen Gefühlen hatte, fiel in eine große Aggression, die sich im Raum ausbreitete und uns einengte. Er ging hinaus, hackte Holz und kam „gereinigt" zurück. Auch wenn es seltsam klingt, sogar Selbstgespräche können helfen, wenn wir in Zwiesprache mit der Emotion gehen. Diese stillen und bewusst geführten Gespräche geben dem verwirrenden, inneren Geschehen die nötige Distanz und eine beruhigende Form. Sie sind wie Ventile, lenken ab, bauen Stress ab, mindern Aggressivität, helfen Probleme zu lösen. Gefühle und Emotionen „ordnen" sich dann. Wenn wir darüber schreiben, formulieren wir und geben durch die Worte dem Diffusen eine Form. Wenn wir die Kraft benennen, bannen wir sie auch.

DIE TRIEBE

> *„Menschlich ist der Mensch nur dann, wenn ihm bestimmte tierische Weisen nicht mehr fremd sind. Denn für viele menschliche Verhaltensweisen gibt es tierische Vorformen."*
> Heinrich Rombach

Wie alles in der Natur, dessen Teil wir sind, streben wir danach zu wachsen und zu überleben – wie jede Pflanze und jedes Tier. Diese Instinkte sind ursprünglich und darum stärker als die Intelligenz und der bloße Wille. Triebe wie Hunger, Sicherheit und Fortpflanzung sind unabhängig von bewusster Kontrolle. Emotionen sind dann der blinde Drang eines Triebes und gelten dem Lebensdrang mehr als der Verstand. Das Leben selber will. Und das Wort: „Ich will" ist oft nur die persönliche Form des Lebenswillens. Der Selbsterhaltungstrieb ist ein Instinkt der Selbst-Verteidigung. In wilder Umgebung musste der Mensch schnell und instinktiv unterscheiden, ob die gereichte Hand jetzt Freundschaft meint oder eine Waffe trägt.

„Jeder Trieb treibt"

Die Triebe des Mannes sind spürbarer, weil sie in ihrer aggressiven Weise sichtbar werden. Die Triebe der Frau sind gleich stark, aber unauffälliger. Die männliche Zeugungskraft und die weibliche Fähigkeit des Empfangens und Mutterwerden sind Urkräfte. Sie entstehen aus dem Überlebensdrang der Gattung Mensch und haben vorrangig nicht mit dem Individuum zu tun. Die Gattung selber ist nicht am Individuum interessiert. Es ist ein kollektiver Drang, ein Trieb der treibt. Wir erleben, dass die Ur-Triebe immer noch wirken, auch wenn sie sich mit der kulturellen Entwicklung verändert haben. Die männlichen Triebe sind sogar gefährlicher geworden, weil sie jetzt über die Kräfte der Technik verfügen, unsere Intelligenz überrumpeln und einen irren Tanz mit uns vollführen – jenseits der menschlichen Würde.

DIE GEFÜHLE

Durch das Fühlen zum Gefühl.
Gefühl ist werdende Erkenntnis.

Von den drei menschlichen Säulen – Wollen, Denken und Fühlen – berührt nur das Fühlen den Körper. Gefühle und Emotionen werden leicht vermischt und verwechselt, weil beide mit dem Leib verbunden sind. Gefühl entsteht durch das Fühlen. Nach Rudolf Steiner „lernt man ungeheuer viel, wenn man das Gefühl fein ausbildet. In früheren Zeiten war das Tastenlernen mit den Fingerspitzen die Vorbereitung für geistiges Lernen. Der Mensch würde, wenn er keinen Tastsinn hätte, das Gottgefühl nicht haben." An dieser Stelle wird schon deutlich, wie sehr die Gefühlsebenen und die Schaffung von Räumen miteinander verbunden sind.

„Jeden Eindruck und jeden Keim eines Gefühls ganz in sich, im Dunkel, im Unsagbaren, sich vollenden lassen und mit tiefer Demut und Geduld die Stunde der Niederkunft abwarten. Alles ist austragen und gebären."
R. M. Rilke

Wenn das Fühlen rein sich selber folgt, mündet es in Religion, weil das Ganze zugleich im Teil wohnt. Das Gefühl ist die erste Brücke zwischen Subjekt und Objekt. Mystik ist gesteigerte Gefühlsphilosophie. Die Grenze der Sinneswelt wird dann durch Steigerung der Sinneserfahrungen durchstoßen. Durch sinnliche Wahrnehmung und Sinnlichkeit entsteht Sinn. Die Seele ist dann das empfangene Gefäß dessen, was der Körper fühlt und ihre Antwort ist das Gefühl, das sich dann in der Empfindung verfeinern kann. Die Gefühle wirken unmittelbar in den Körper und in den Seelenraum ein, was Verstand und Wille nicht können. Der Verstand kann Gefühle weder hervorrufen noch aufhalten. Eine Überbetonung des Bewusstseins, des Denkens und des Wissens aber kann die Kräfte des Unbewussten aktivieren und uns beunruhigen. Denken und Wollen sind zwei Weisen die Seelen-Kräfte zu mindern, denn das Denken neigt zur Verdichtung und Versteinerung, das Wollen zum „Verbrennen". Ein Ausgleich dieser Tendenzen geschieht nur durch das Fühlen, das Fließende oder das Heitere.

„Nicht in mir selbst leb ich allein;
ich werde ein Teil von dem, was mich umgibt.“
Byron

Das Gefühl ist verschmelzend und grenzenlos ausschweifend, das Denken dagegen scheidend und begrenzend. Die klare Gefühlssteigerung führt schließlich zum Allgefühl.
Im Gefühl erobert sich der Mensch das Fernste. Alles Fühlen ist ein Mitfühlen. Das Spannungs- und Spielfeld des Gemüts und ihre Kraft sind Lust und Unlust, Erregung und Beruhigung, Spannung und Lösung, Abneigung und Liebe, kalt und warm. Das Gefühl lebt beständig in Gegensätzen, braucht Gegensätze und sehnt sich zugleich nach bedürfnislosem Einheitszustand. Dieses Sehnen erzeugt Gefühlsräume. Etwas fühlen heißt, etwas in Einheit mit sich selbst erfassen. So werde ich „eins“ mit einem Gegenstand. Es ist kein künstliches sich „Hineinversetzen“ sondern ursprünglich und instinktiv. Dazu muss man sich erst für die Dinge erwärmen, sich auf sie beziehen, in den eigenen Lebensprozess hineinziehen, sie mit sich geistig verschmelzen lassen.

GEFÜHL UND RAUM

Die Gefühlskraft kann geweckt und gestärkt werden durch den Körper. Essen und Trinken als notwendige Körperlichkeiten und verbunden mit der Sinnlichkeit, können Wege zum Fühlen sein. Durch das Tasten erkennen wir die Welt und können lernen, unseren Sinnen zu vertrauen. Auch mit den Füßen zur Erde hin, im Abtasten und Fuß für Fuß aufsetzen.
Tasten ist wahrnehmen. Es entsteht Vertrauen und daraus Glaube. Wir berühren die Welt über unsere Haut. Sie ist unsere Grenze, ist die Außenhaut unseres „Hauses“, des Leibes. Sie ist durchlässig und verbindet durch die Sinne das Außen mit dem Inneren des Menschen. Neue Wahrnehmungs-Ebenen entstehen, wenn wir im Gefühls-Zustand, in der Atmosphäre des Gefühls etwas anschauen. Einen Baum wahrnehmen, als seien wir der Baum. Eine Rose riechen und wie eine Rose sein. Man ertastet die Wahrheit. Raumwahrnehmung ist ein Tasten im “Dunklen“. Weltwahrnehmung geschieht über die Grenze des Körpers, über die Haut. Unter den Sinnen ist

der Tastsinn besonders gut ausgebildet und besonders in den Fingerspitzen. Vielleicht hängt es mit dem Tastsinn und den Fingern zusammen, dass Pianisten und Dirigenten oft sehr alt werden.

STIMMUNGEN

> *„Es kommt auf die Stimmung an, in der man sich dem Höchsten naht. In unserer Zeit des Grob-Wissenschaftlichen wird es schwer zu glauben, dass es auf die Stimmung ankomme"*
> Rudolf Steiner

Weil Stimmungen sehr feiner Natur sind, werden sie oft nicht wahrgenommen. Wohl aber, wenn sie uns belästigen. Sie werden uns angetragen durch körperliches Unbehagen. Sei es falsches Essen, ob man satt ist oder überfüllt, sogar davon, ob man liegt, sitzt, steht, geht oder tanzt. Gereiztheiten, Schwermut, Missmut, Langeweile, Verzweiflung und Traurigkeit sind Reaktionen unseres Körpers, unserer Eingeweide und des organischen Geschehens. Der Rhythmus des Tages und der Jahreszeiten, die Helligkeit oder Dunkelheit des Tages und Jahres, Wind, Regen, Kälte, Hitze oder ständig gleiches Wetter bestimmen uns. Atmosphärisches und sogar die Wirkungen der Planeten können uns überfallen. Es ist eine Kunst, froh gestimmt zu werden.

Stimmungen sind die Atemluft des Geistes und der Natur.

Die Stimmungen klangen schon bei den Gefühlen an. Jetzt nähere ich mich ihnen durch die Worte: „Was uns bestimmt" und „Was uns einstimmt". Unsere Gestimmtheiten kommen aus verschiedenen Ebenen. Sie entstehen vor allem vom Körper her, folgen dann der Gedanken-und Gefühlswelt und steigern sich im Mitschwingen zwischen Mensch, Gemeinschaft, Ding, Raum und Ort. Auf ihren höheren Ebenen bereiten sie das Reich der Empfindungen vor. Wenn wir mit uns selber in Über-Einstimmung sind, wird aus einer Begegnung ein eingestimmtes Gemeinsames. In diesen höheren Ebenen schwingt man mit Menschen, Zeit und Dingen. Es entsteht eine ganz eigene und feine Ebene der Kommunikation durch die mitempfindende Seele im Menschen. Darum werden Stimmungen auch vom anderen Menschen übernommen. Für unser Thema sind die Stimmungen bedeutsam, weil auch Räume und der uns umgebende Ort uns wohltuend einstimmen kann.

DIE EMPFINDUNGEN

> *„Wer eine Blume berührt, wird nicht zu Eis erstarren."*
> Heinrich Rombach

Es braucht eine eigene Sprache, wenn man den Empfindungen nahe kommen will. Es ist, als ob die Worte sich an ein Geheimnis herantasten wollen, das aus Urzeiten rührt, denn die Empfindung ist in der menschlichen Entwicklung vor dem Ich entstanden. Das Ich und die Empfindung leben seitdem in uns wie in Gegensätzen. Aus der Empfindung heraus wuchsen Seele und Körper. Bewusstsein entstand durch Spaltung in Subjekt und Objekt. Der Körper ist für die Sinne da, die Sinne für die Seele. Der Körper ist das Empfundene, die Seele das Empfindende. Die Seele erfasst das Selbst und der Körper das fremde Äussere, was die Empfindung verfeinert. In der Empfindung liegen Subjekt und Objekt, Empfindendes und Empfundenes noch ineinander und sind in einem gemeinsamen Erlebnis-Ton verschmolzen.

Die umfangreichen Untersuchungen des Hirnforschers Damasio verweisen auf die hohe Bedeutung der Empfindungen. Ich nehme aus der Fülle einzelne Kernsätze heraus: „Empfindungen bilden die Grundlage dessen, was Menschen in Jahrtausenden als Seele bezeichnen. Körperzustände verursachen Empfindungen. Die Seele atmet durch den Körper. Empfindungen dienen der inneren Orientierung und stellen eine Verbindung her zwischen uns und anderen Körpersignalen. Mit Hilfe von Empfindungen vergeistigen wir den Körper. Sie sind wichtig in der Erziehung unserer Kinder zur Gewalt-Freiheit." Er spricht auch von „Hintergrund-Empfindungen, die nicht mit den Gefühlen verbunden sind, sondern das Leben und das Sein selbst meinen, uns aber unmittelbar weniger zugänglich sind."

Wir empfinden Freundschaft und Liebe und fühlen uns beschenkt. Die Wellen des Meeres „bewegen" uns. Eine Stimmung oder eine menschliche Begegnung kann die Empfindung des Wässrigen, des Luftigen oder des

Feurigen haben. So empfindet man einen Ort als kalt, er ist es aber nicht nach Kältegraden gemessen. Empfinden hat im Wortgebrauch mit Zartheit und seelischen Gefühlen zu tun. Empfindsam sein und empfindlich sein liegen nahe beieinander.
Wir empfinden Freude. Und was ist Freude? Ein Götterfunke, menschlich nicht machbar, ein Geschenk des Himmels. Empfinden kommt von althochdeutsch „in sich finden". Das zeigen auch die Trennungen der Silben von emp-finden und emp-fangen. Die Empfindung webt in der Dämmerung, sie stirbt im grellen Licht des Bewusstseins.

Die Empfindungen sind die letzten Stufen vor dem Gottes-Raum und brauchen die Stille, das Innewerden im Nichts damit ES geschieht. Dann ist das Alltagsgeschehen wie magisch und man erahnt hinter jedem Geschehen den Hauch einer anderen Wirklichkeit.

ÜBUNG:
Zur Erfahrung, was eine Empfindung ist, fand ich eine Meditation bei Friedrich Rittelmeyer.

In meditativer Gestimmtheit warten und „horchen", wo habe ich in meinem Leben schon einmal Ruhe, Stille, Frieden, Geborgenheit oder Reinheit tief erlebt. Erspüren, was jetzt von der Seele ersehnt wird. Sich erinnern, wo ich in der Vergangenheit diese Gestimmtheit schon einmal erlebt habe. Sei es die Reinheit oder Stille einer Schneelandschaft, sei es die zarte Freude einer erblühenden Frühlingsblume. In dieses damals gelebte Gefühl sich hineingeben. Das erinnerte Bild genießen, sinnlich ganz aufnehmen und im Körper sich ausbreiten lassen. Dann das Bild loslassen, bis es nicht mehr erscheint und nur noch die Empfindung bleibt. Sei es die Reinheit oder die Stille des Friedens. Davon den ganzen Körper erfassen lassen. Das vertieft sich, wenn man die Empfindung durch den Körper wandern lässt, in einem Bereich verbleibt und sich dort von der Empfindung ganz erfüllt.

DIE VERFEINERTE WAHRNEHMUNG

> *„Mit unserer Wahrnehmung beseelen wir die Wirklichkeit“*
> C.G. Jung

In meinen Büchern hebe ich hervor, dass Bauen und Wohnen mehr ist als Schutz, Wohlbehagen und Schönheit, sondern auch spirituell die geistige und seelische Entwicklung unterstützen kann. Das braucht eine verfeinerte Wahrnehmung und die Hinwendung zur Seele, statt den uns mehr vertrauten Weg des Denkens und Analysierens. Aber die Seele ist „unsichtbar“ und ihre Sprache bedarf anderer Zugänge. Es geht mir um eine Wahrnehmung, die erahnen lässt, was im Unbewussten darauf wartet, ans Licht zu kommen. Das wird leichter möglich, wenn wir uns der weiblichen Seinsweise zuwenden, die stärker als die männliche mit dem Nicht-Bewussten verbunden ist und im Planungs-Geschehen hilfreich ist.

Wahrnehmen bedeutet, das Äußere und das Innere miteinander zu verbinden. Durch gelungene Wahrnehmung wird ein anderer Seinszustand erreicht und neue Zusammenhänge offenbaren sich. Wahrnehmung hat mit Wahrheit zu tun – der Wahrheit dessen was man erschaut und der Wahrheit des Schauenden. Wahrnehmung ist die Kunst, ins Anfänger-Bewusstsein zu gehen, als wäre man dem Gesehenen noch nie begegnet. Es gilt, der Kraft des „ersten“ Eindruckes zu vertrauen. Reines Wahrnehmen ist, wirklich werden zu lassen was wirken will. Das ist auch ein Heilungsweg, denn es entsteht ein Bewusstsein, das Geist und Materie verbindet. Was bis dahin gewohnt oder Routine war, bekommt eine andere Wirklichkeit. Es erwächst eine Art „Liebesbeziehung“ zum Wahrgenommenen und damit wohltuende Harmonie und Neu-Ordnung. Dann erkennt man Dinge, Räume und Orte als seien sie ganz eigene Wesen und es wird eine Atmosphäre geschaffen, in der das Wesentliche geschehen kann im: „it happens“ – „es glückt“. Wenn man jedoch etwas bewirken will, kann die Wahrnehmung beeinflusst werden. Deshalb fordert reine Wahrnehmung auch zur Selbst-Erkenntnis heraus und zum Mut, vom Wollen loszulassen.

„Der Mensch hat neben dem Verstand noch andere Fühlhörner, mit denen er ins Universum tastet, nämlich: schauen, wissen, ahnen und glauben."
Goethe

In der menschlichen Geschichte geschah anfangs alles über das Körpergefühl und die Sinne. Das Denken war nachrangig, bekam aber später mehr Raum in unserem Leben, weil die elementaren Existenz-Nöte aufhörten. In unserem rasant wachsenden technischen Zeitalter schwindet die Sinnlichkeit und die Nähe zum Körper immer mehr. Auch müssen wir uns schützen vor den vielen, sehr abstrakten und unsinnlichen Reizen der Arbeitswelt, der Medien und Stadterlebnisse. Schutz geschieht dann durch Gewohnheiten, die wir uns aneignen, um unsere Energie zu bewahren und um zu überleben. Diese Gewohnheiten wiederum wirken dann wie Panzer und schirmen sinnliche Erfahrungen ab. Die Folge ist, dass die Sensoren des Fühlens immer stärker durch das Denken ersetzt werden. Unsere Sinne sind überreizt, ein Grund, weswegen ich im Folgenden die Wahrnehmungs-Fähigkeit durch die Weisheit des Körpers und seine Sinne betone.

WEGE ZUR WAHRNEHMUNG

Es ist die Seele, die durch das reine Schauen
die „Ursprungs"-Wahrheit erkennt.

Wir haben in uns ein sehr feines Sensorium – die Instinkt-Kraft aus früheren Zeiten. Eine Fähigkeit, die wir zum Überleben in der wilden Natur nötig hatten. Es brauchte die Wachheit aller Sinne. Wenn wir jetzt die Sinne wecken und auf die Reaktionen unseres Körpers achten, machen wir in uns die ursprüngliche Wachsamkeit und ein Wissen jenseits der gewohnten Sinne wieder lebendig. Das bedarf auch der Stille und ein Sein im reinen Schauen, so wie früher von uns ein Tier beobachtet wurde. Dieses Inne-Halten ist uns ebenfalls eingeboren und darf wieder geweckt werden. Es ist die Stille des Jägers. Aber auch des Sammlers, der ahnt, wo die Pilze wachsen – eine Art Jagen im Erahnen. Innerlich still werden, denn weder die Engel noch die unsichtbaren Geisteskräfte sind laut in uns. Vorbereiten kann eine Meditation, ein Leerwerden, um sich von Eigenvorstellungen zu lösen. Dann bekommt die Seele ihren Raum. Sie ist es, mit der wir in der „reinen“ Schauung eigentlich wahrnehmen: Nicht ich schaue, es schaut durch mich. Wahres Wahrnehmen geschieht in einem Zwischenzustand, der durch Versenkung entstehen kann. Es wird schon hier auf die „ahnende Wahrnehmung“ als weibliche Fähigkeit hingewiesen. Sie ist verschwommen und wie ein weitwinkliges Sehen und schwer in klare, eindeutige Worte zu fassen. Erst sprachlos sein und warten. Warten auf Körperreaktionen, Gefühle, Bilder, Worte, Klänge, Lieder, Träume und Erinnerungen, die auftauchen wollen. Vertrauen, dass nichts vom Erfahrenen verloren geht, so dass der Kopf wie „ausgeschaltet“ bleiben kann. Wenn aber Worte oder Begriffe auftauchen, so kann man ihren Ursprüngen nachhorchen, ob sich daraus eine Botschaft ergibt.

DIE WIRKUNGEN DER ZEIT

Es empfiehlt sich zur Vertiefung, eine besondere Zeit zu wählen. Nietzsche sprach von der „Gunst der ersten Stunde“. Das ist die noch frühe Stille nach dem Aufstehen. Sie öffnet für geistige Impulse und sollte nicht mit unnötigen Gedanken und Alltags-Handlungen vertan werden. Sehr wirksam ist die Dämmerung am Abend. In dieser Zeit ist das Eine nicht mehr und das Andere noch nicht. Ein Übergang entsteht – ein Zeiten-Sprung – ein Augenblick der Ewigkeit in dem tiefstes Wahrnehmen geschehen kann. In den Dämmerzuständen lockert sich der Verbund von Seele und Leib und es weitet sich die Aura. Man wird durchlässiger für den Empfang von Botschaften und für geheime Schwingungen.

In den Nächten und ihren Träume öffnen sich wundersame Räume. Eine Frage am Abend in den Schlaf genommen, kann am Morgen eine Antwort offenbaren. Das Träumen will wieder gelernt sein, denn nachts leben wir durch den Schlaf in unserer anderen Welt. Ein mir wichtiges Geschehen nenne ich den „Nachklang“ oder auch das „Nachbild“. Das gilt besonders für Entscheidungs-Prozesse, sei es im Finden eines Ortes oder im Planen eines Hauses. Weil die Seele länger braucht als der Verstand, möge man warten, ob aus dem bisher Erkannten sich noch Weiteres als Gedanke oder Bild zeigen will.

DURCH DEN KÖRPER

Für Goethe ist unser Körper das feinste Wahrnehmungs-Organ und kann zum Empfänger von geistigen Botschaften werden. Es ist besonders die Wirbelsäule, die zur empfangenden Antenne wird, wenn sie ganz gerade und unter guter Spannung gehalten wird. Sie hat die Form einer Schwingungskurve im Verhältnis 2:3 und schwingt damit musikalisch in der Quinte, die eine heilende und harmonisierende Wirkung hat. Richtet man sich zur Geraden auf, wirkt sie wie die Saite eines Musikinstrumentes. Sie kann dann feinstoffliche Schwingungen aufnehmen.

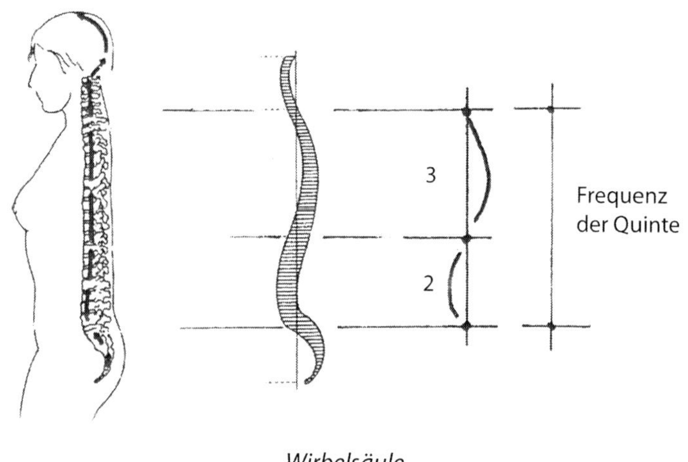

Wirbelsäule

> *„Die Wirbelsäule ist die Antenne zur besseren Intuition."*
> William Spears – Feng Shui Meister

Die Aufrichtung – man könnte auch sagen, die Aufrichtigkeit – gelingt nur, wenn wir in den Knien nachgeben und das Becken leicht nach vorne schieben. Im Beckenraum ist die Wirbelsäule verwurzelt. Das Nachgeben in den Knien ist Hingabe, erzeugt Demut und man würdigt mehr die Füße, die jetzt besseren „Standpunkt" beziehen. Von den Füssen her atmen und wahrnehmen. Der „Einfall" kommt immer von oben. Wer in dieser äußeren und inneren Haltung müßig geht, verstärkt die Impulse, denn dann „schwingt" die Wirbelsäule im Rhythmus der Schritte.

Wir sprechen vom Öffnen des Herzens und übersehen leicht, dass es eine Rückseite des Herzens gibt, von der Kraft aufgenommen werden kann. Weil wir nie unseren Rücken sehen, sind wir dort ungeschützt und verschließen uns. Dabei ist es der Bereich des Körpers, wo uns das Unbewusste und Vergangene am nächsten kommt. Im Rücken des Menschen liegt sein Geheimnis. In früheren Zeiten war hier die größte Gefährdung und verlangte wache Aufmerksamkeit. Beim Hören, auch im Beratungs-Gespräch, möge man sich auch zum Rücken hinwenden, denn er öffnet sich zum Reich des Unbewussten und ist die „Rückseite des Herzens". Näheres hierzu finden Sie im Buch „Das Gehcimnis liegt im Rücken", ISBN 9783906873428.

Es gibt nur wenige Dokumente, welche die Geheimnisse der alten Bauhütte uns überliefern. Bei Villard de Honnecourt findet sich eine Figur, die zwei merkwürdige Punkte auf den Schultern hat. Von dort beginnt der Kapuzenmuskel und bildet mit dem Kreuzbein ein Dreieck, das wie ein nach oben offener Trichter wirkt. Von diesen Punkten aus können kosmische Kräfte aufgenommen werden und wahrgenommen.

Die Schulterpunkte

Durch einfache Übungen können wir die linke und rechte Gehirnhälfte miteinander verbinden und den Körper für eine verfeinerte Wahrnehmung sensibilisieren. Grundsätzlich möge man erspüren, welche Körperzonen sich als durchlässig erweisen und als Bereiche zur Wahrnehmung dienen können. Dazu eine Zeit lang in allem Tun einen Körperteil mehr ins Bewusstsein heben und ihn intensiver erleben.

ÜBER DIE SINNE

„Über die Sinne zum Sinn"

Der Weg ins Unbewusste wurde schon beschrieben. Die Weisheit des Überbewussten kann sich für uns offenbaren, wenn wir die „Mauer" der Sinne durchstoßen und vom Sinnlichen ins Übersinnliche vordringen. Vom Sehen zum Hindurch-Sehen, vom Fühlen zum Hindurch-Fühlen.

Das mag die Wortfolge zum **Hören** verdeutlichen: Vom Hören ins Lauschen, vom Lauschen ins Horchen, vom Horchen ins Ge-Horchen kommen – und dann der Inneren Stimme gehorchen. Früher war das Hören für den Menschen besonders lebensnotwendig, um Gefahren durch feinste Geräusche sofort wahrzunehmen. Andererseits wurden dadurch die Laute der Natur – Vogelstimmen, der Wind, das Rauschen der Blätter – umfassender aufgenommen. Diese Klänge erzeugten Empfindungen und näherten sich dadurch dem Seelenraum. Das Ohr ist empfangend und das Gehörte ging über die ausgelösten Empfindungen tief in die Seele ein. Denn wir hören mit der Seele und dem ganzen Körper, bis dahin, dass die Klänge unseren Leib zum Tanzen, zum Einschmiegen in die Klänge bringen.

Riechen und Weisheit sind über das Wort „Sapienta" mit einander verbunden. Der Geruch ist durch das Atmen immer gegenwärtig. Durch den Geruch steigen in uns tiefste Erinnerungen auf. Riechen ist der stille „Liebes-Sinn". Jemanden nicht riechen können weist auf das feinstoffliche Wahrnehmen hin. Das Riechen ist verkümmert und will neu entdeckt werden. Riechen ist so besonders, weil wir atmen müssen und damit Gerüche zwangsläufig aufnehmen. Geruch ist umfassend, immer gegenwärtig, irgend göttlich. Sich Düfte gönnen und bewusst kultivieren.

Schmecken ist dem Riechen nah und ergibt sich im Kauen. Ursprünglich sprach man vom „käuen". Was sich im langen Kauen des „Wiederkäuens" eines Wortes und als geistig, meditatives Tun spiegelt. Schmecken ist ein „persönliches" Aufnehmen und kann sich tief verinnern.

Sehen ist ein Wahrnehmen durch den Blick. Im Wort „Blick" steckt die Wortwurzel „Blitz". Im Augen-Blick liegt der Blitz des Erkennens. Erblicken ist dann – aus der Passivität heraus – etwas Aktives und deckt auf, entdeckt. Dennoch darf der Rundum-Blick erlernt werden. Das ist der „weiche", der passive Blick, indem ich nach außen blicke und zugleich nach innen schaue. Dann ist es nicht mehr, den Blick auf einen Punkt zu werfen, sondern die Blickrichtung der Augen ist parallel. Immer in der Gewissheit und im Vertrauen, dass sich im Schauen die Bilder ansammeln, speichern und sich zu einem Umfassenderem verbinden werden. Wir können mit den Händen – links und rechts von den Augen gehalten – einen „Rahmen" schaffen. Dann sehen wir einen Ausschnitt, einen „Blitz" innerhalb der Fülle, die das Sehen umgibt. Es wird zum Sichten, ein Herausnehmen im Blick. Sicht und Einsicht entsteht, wenn der Mensch aktiv und damit schöpferisch sieht.

Ertasten ist die Weltwahrnehmung über die Fingerspitzen und wurde schon beim Tastsinn beschrieben. Wir jedoch reduzieren unser „Fingerspitzen-Gefühl" durch die „Tastaturen" der technischen Geräte. Kükelhaus sagt: „Wir denken auch mit den Händen."
Eine Übung kann es sein, zugleich zu sehen *und* zu hören, zu fühlen *und* zu riechen… und dann die Folge wechseln.

DIE INTUITION

> *„Was wird mir immer wieder innerlich vorgeschlagen?“*
> R. M. Rilke

DIE BEDEUTUNG DER INTUITION HEUTE

Wir leben in einer Zeit, in der Informationen und Wissen von Stunde zu Stunde wachsen und schon so unendlich und vielfältig sind, dass wir das Wichtige vom Unwichtigen kaum noch unterscheiden können. Auch die uns bestimmenden äußeren Ereignisse sind so schnell und wechselnd, dass sie uns überrumpeln. Wir haben wenig Zeit, geschweige denn kreative Muße, das uns Angetragene in Ruhe und innerem Abstand zu erkennen, auszudeuten und erst danach Entscheidungen zu fällen. Es ist, als ob wir andere Wahrnehmungs-Organe brauchen, um das Eigentliche zu erkennen. Eine Fähigkeit, die unsere Urahnen im Instinkt hatten, um sich in der Wildnis zurecht zu finden. Liz Greene drückt das so aus: „Unsere größte Sünde ist nicht die Verletzung eines moralischen Gesetzes. Unsere größte Sünde ist die Missachtung der Eingebungen des Unbewussten, das älter und weiser ist als unsere bewusste Person.“
C.G. Jung spricht in seinen Worten von „Synchronizität“, der Gleichzeitigkeit unterschiedlicher Geschehnisse in Raum und Zeit, die ein Inneres und Äußeres durch einen gemeinsamen Sinn verbinden.

> *„Die Frau erkennt direkt ohne die mühsame intellektuelle Abwicklung von Ursache und Folge, sie springt die Wahrheiten an.“*
> Prentice Mulford

Die Frau ist dem Numinosen und dem Unbewussten von Natur aus näher. An dieser Stelle möchte ich sinngemäß Georg Simmel zitieren: „Die Frau besitzt unmittelbar, was für den Mann ein Resultat der Abstraktion ist. Was man den weiblichen Instinkt nennt, ist die unmittelbare Einheit des seelischen Verlaufes. Ein Instinkt, der vor aller Erfahrung liegt und aus der tiefgelegenen Einheit des seelischen Seins und der des Weltseins besteht. Es ist die Einheit von Leben und Idee, auf der das weibliche Wesen ruht. Das weibliche Sein wurzelt unmittelbar in dem Fundamentalen überhaupt und empfindet das Erste und Unbeweisbare ohne Umweg des Beweises wie aus einem Einssein mit den Objekten."

> *„Unsere Welt ist durchdrungen vom Unaussprechlichen.*
> *Man kann andeuten, das ist alles."*
> Julien Green

Noch einmal C.G. Jung:„Die Intuition ist etwas Rätselhaftes. Sie ist eine Wahrnehmung, die über das Unbewusste läuft. Näher kann ich sie nicht umschreiben. Wir benötigen sie in Situationen, wenn Unvorhersehbares nicht mit den Sinneswahrnehmungen voraus geahnt werden können. Wenn man sich beispielweise im Urwald bewegt. Der Intuitive lässt sich von Ahnungen leiten und sieht gewissermaßen um die Ecke. Er kann wahrnehmen ohne die Sinne, den Intellekt und das Gefühl."

Ein menschlicher Ur-Impuls ist die Suche nach Einheit. Intuitives Wahrnehmen entsteht aus der Herzens-Gewissheit, sich mit Allem eins zu fühlen, ohne im Einzelnen zu wissen. Das Geist-Licht zwischen den Menschen stellt blitzartig gemeinsame Einheit im Geiste und im Seelenraum fest, jenseits von Logik und Analyse. Intuition ist „Denken mit dem Herzen". Durch die Intuition kann der Engel uns Hinweise geben. Es gilt, höhere Ebenen anzusprechen und den Menschen zu sehen, wie er werden kann.

Das Bild des Eisberges macht deutlich, dass der ganze Mensch aus dem bewussten Ich und seinem Unbewussten besteht. Je mehr er wagt, das Dunkel des Unbewussten zu durchlichten, umso mehr wächst er in seinem Selbst.

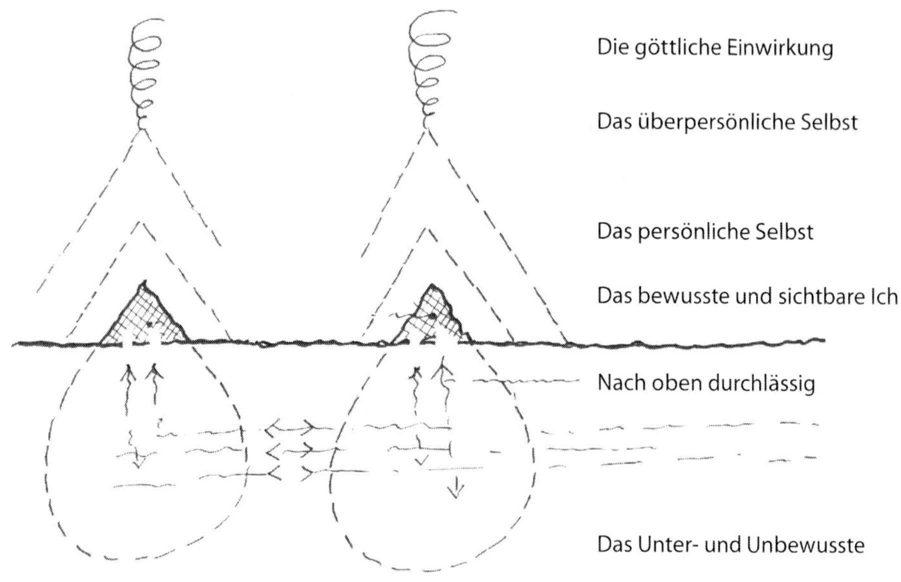

Eisberg-Modell

In der Sprache sind es die Worte der Analogie, mit der das Unausdrückbare mitgeteilt wird. Sie sind die „Sympathie“ zwischen den Dingen, Situationen und Menschen. Es ist ein Denken, Fühlen und Sprechen in Symbolen, denn Symbole regen in uns ein Urwissen an. Sie sind die Sprache des Unbewussten und öffnen uns für eine feinere Wahrnehmung, die nie so eindeutig ist, wie das Denken uns glauben lässt. Unsere männlich bestimmte Umwelt orientiert sich nach Leistung, Erfolg und Schnelligkeit. Fordert uns maschinelles Funktionieren ab und auf Ziel gerichtete Denkmuster. Man darf keine Fehler machen, man muss perfekt sein. All das blockiert spielerisches und kindfrohes Wagen. Wir sind dann für neue Erfahrungen nicht frei und offen. Was die Intuition einengt sind Vor-Urteile und Emotionen, Wünsche der Erfüllung und Analyse, Bewerten und ein Geschehen lenken wollen. Zweifel und Ängste statt Hingabe ans Geschehen.

WEGE ZUR INTUITION

Den ersten Eindruck wirken lassen und ihm vertrauen, denn er ist eine uns gegebene urtümliche Fähigkeit etwas wahrzunehmen. Das Erkannte aber verschwindet, sobald wir zu denken beginnen und analysieren. Je mehr wir in den Seelenraum uns einlassen und der inneren Stimme horchend gehorchen, umso mehr traut sich unsere Seele zu antworten. Das braucht Muße und Stille, den Träumen sich zuwenden und den „Wach-Traum" üben und pflegen. Sich Zeit lassen und „schwanger" gehen mit dem innerlich Erfahrenem. Warten können. Durch Bewegung und Tanz den Gefühlen unmittelbar Ausdruck geben. Einüben, nur einer Tat oder einem Gedanken den Raum zu geben, erst danach dem nächsten. Spielen und das „Kindhafte" wecken. Beides ist ziellos und frei von Zweck. Dann und wann auch Unsinn machen. Das lockt – wie das Wort vermuten lässt – Sinn und Spontanität hervor. Immer wieder etwas Ungewohntes und „Verrücktes" tun. Etwas ganz anders machen, als man es sonst gewohnt ist. Buddhas Lehre der „reinen Anschauung" leben und nicht nach dem Angenehmen greifen und es haben wollen und auch nicht das Schmerzende ablehnen und abwehren. Unstimmigkeiten aushalten.

DIE WEIBLICHE KRAFT

MOND UND SONNE

Die beiden unser Leben bestimmenden Himmelskörper möchte ich darstellen in ihrer energetischen Wirkung, mehr noch in ihrer mythischen Kraft und als Symbol der polaren Gesetzmäßigkeit, die das weibliche und männliche Prinzip spiegeln. In unserer Sprache ist es verwirrend, dass es „die" Sonne heißt. In Ländern mit heißen Sommern, wo sie unerbittlich strahlt und die Früchte der Erde verbrennt, ist die Sonne „männlich". In nördlichen, dunklen Breiten ist sie wohltuend warm, Frucht treibend und ein Segen. So nimmt es nicht wunder, dass die Sonne als „weiblich" bezeichnet wird. Die Mondin musste nun als Gegenpart zum „männlichen" Mond werden.

Gerne werde ich den Mond auch die Mondin nennen. Seit Urzeiten wird sie in vielen Mythen verehrt aber auch gefürchtet. Ich möchte ihre tiefere Bedeutung uns nahe bringen, denn in der Hinwendung zur Mondin können wir Vieles über das Weibliche erkennen. In den Eigenschaften der Mondin sah der Mensch von Anfang an ein Symbol der weiblichen Natur – rätselhaft, wandelbar und durch ihr Verschwinden aber auch beunruhigend. Esther Harding drückt es so aus:„Die Anbetung des Mondes war die Anbetung der Natur, ihrer schöpferischen und fruchtbaren Eigenschaften und der Weisheit, im Einssein mit den Gesetzen der Natur. Die Anbetung der Sonne war die Anbetung dessen, das die Natur überwindet, das ihre chaotische Fülle ordnet, ihre Kräfte einspannt und in den Dienst des Menschen stellt."

Zu Anfang möchte ich **die energetischen Wirkungen** des Mondes darstellen und in analoger Wahrnehmung das scheinbar nur Äußerliche als tiefe innere Wahrheit entdecken. Sonne und Mond erscheinen uns am Himmel als gleich groß. Das ist uns wenig bewusst, obwohl doch die Sonnen- und Mondfinsternisse es uns zeigen könnten. Das ist ein Phänomen, das es unter allen bisher erforschten Sternen nur bei unserem Planeten Erde gibt. Auch wenn das nur als ein Zufall im Kosmos betrachtet wird, verweist er symbolisch auf das irdische Grund-Prinzip des Polaren hin. Die für unser Auge gleiche Größe lässt „energetisch" auf gleich starke Wirkungen schließen.

Es ist, als sei die Gleichwertigkeit des Weiblichen und Männlichen, dieses Grundprinzip des menschlichen Lebens, uns an den Himmel geschrieben.

Der Mondin verdanken wir die **Lebensfähigkeit der Erde.** Sie war ursprünglich Teil des Erdkörpers, hatte sich gelöst und hält durch ihren Umlauf den Erdball im Gleichgewicht. Ohne sie würden wir ins Weltall abdriften. Sie stabilisiert auch die Neigung der Erdachse und bewirkt dadurch den belebenden Wechsel der Jahreszeiten. Sie schafft durch ihre Anziehungskraft die Gezeiten, den Tidenhub des Meeres, den wir als Ebbe und Flut erleben. Sie hebt dort, wo sie auf die Erde einwirkt, sogar die Erdkruste an. In Hamburg wurden über 40 cm gemessen. Sie macht, dass die Erde „atmet". Die Mondin „bewegt" uns und weist hin auf die weibliche Qualität des Zeit-Geschehens. Das erleben die Frauen unmittelbar. Die Mondin ist der Frau seit Urzeiten vertraut und ihrem Wesen nah. Früher waren die Phasen der Menstruation mit den Phasen der Mondin verbunden. Das Wort Menstruation beinhaltet das lateinische„mensis" für Monat und die Mondin. Der Leib der Frau, ihr ganzer Organismus wird von einem Planeten bestimmt und ist somit im wahrsten Sinne des Wortes unmittelbar mit dem Kosmos verbunden. Auf eine weitere geheimnisvolle Kraft weist Rudolf Steiner hin, wenn er den monatlichen Zyklus der Menstruation als „Empfangen, Austragen und Geburt" beschreibt. Schwellung und Abschwellung der Frau in ihrer Fruchtbarkeit entspricht dem Mond, denn während der Menstruation gibt der Körper von sich ab, um danach neue Kraft aufzunehmen und einen neuen Zyklus zu beginnen – wie auch der Mond. Unser Begriff des „Neumondes" meint, das immer wieder neu Werden.

Die Mondin wurde seit Urzeiten als Bewirkerin der **Fruchtbarkeit** und als die hohe Gottheit angesehen, die in Beziehung zur Frau stand. Sie hat nachweisbar den Charakter der Fruchtbarkeit und stand auch früher schon für die fördernde Kraft des Wachstums. Die Neumondin aber, die nicht sichtbare, die dunkle Mondin, war ihnen zugleich, als sei sie aufgefressen und stand für **die Kraft der Zerstörung** und des Todes. Die Mondin als weibliches Prinzip beherrscht die Nacht und das Unbewusste, ist Göttin der Liebe und erregt geheimnisvoller Kräfte jenseits des menschlichen Verstehens. Sie gibt Licht im Dunkel.

Wir sind in zwei Qualitäten ins Leben gestellt, in Raum und Zeit. Die Mondin gab uns die Messbarkeit der Zeit, weil sie für jeden sichtbar war. Man konnte sich im „Raum der Zeit" verabbreden und begegnen. Das Jahr wurde nach den zwölf Mondphasen gemessen. Am ersten Tag des Monats, erschien die Sichel der Mondin. Die Mondinzeit ist ist wandelnd, rhythmisch und periodisch, zunehmend und abnehmend. Günstig und ungünstig, beherrscht sie die Erde, das Lebendige und das Weibliche. Für eine Frau ist der zyklische Charakter ihres Lebens die natürlichste Sache von der Welt, während es für den Mann ein dunkles Geheimnis bleibt.

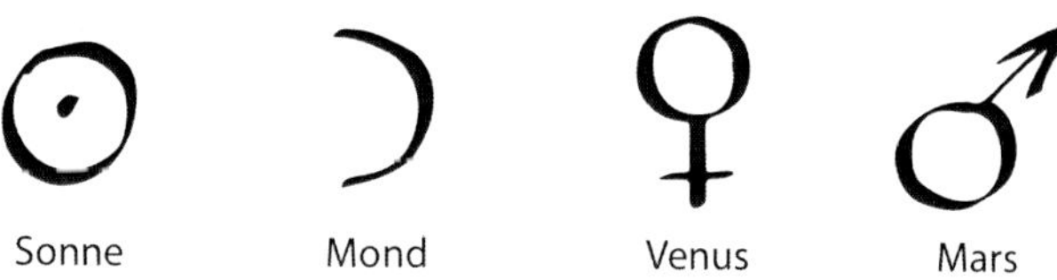

In ihrer Wirkung auf uns, ist das Mondische weiblicher Natur, das Sonnenhafte männlich. Das zeigen auch ihre Symbole. Die Sonne als Kreis mit ihrem Mittelpunkt ist starr und äußerlich unbeweglich. Bewegt nur innerlich im wachsenden Punkt bis an die Spannungsgrenze des Kreises und wieder einatmend zurück zum Punkt. Dieses innere Wachsen teilt sich der äußeren Welt nicht mit. Die ab- und zunehmende Mondin jedoch ist sichtbar und beweglich. Sie kommt aus dem Nichts, wächst zur Fülle des Kreises an und nimmt ab bis zu ihrem Verschwinden. In ihrer Fülle erhellt sie die Dunkelheit und zieht sich danach ganz ins Dunkel zurück. Die Mondin ist in ihrer ganzen Natur zwiefach. In der hellen Phase war sie als Göttin gütig und wohltuend, in der dunklen jedoch grausam und vernichtend. Dieser zweiseitige Charakter der Mondin fand in manchen Kirchen ihre Entsprechung in der „Schwarzen Jungfrau", der Maria, die auf der Mondsichel steht.

> Die Sonne scheint mit ihrem eigenen Licht.
> Die Mondin spiegelt das Sonnenlicht.

Das Licht des Mondes verschmilzt die Dinge, ist magisch, macht das Kleine groß und das Große klein, weicht die Farben auf, macht undeutlich und bringt dadurch die Landschaft in eine Einheit. Auf ein tiefes Geheimnis verweist die „verschwindende" Mondin, wenn sie drei Nächte ganz unsichtbar bleibt. Es ist, als ob sie dann völlig ins Unbewusste eintaucht, um dort neue Lebenskraft aufzunehmen. Diese Hinwendung zum Unbewussten zeigt auch das Symbol der Venus auf mit dem Kreuz, das zur Tiefe zeigt. Die Mondin ist auch ein „kalter" Planet. Vom Licht der Mondin sagt man, dass es kalt und feucht sei, überquellend von Liebe und dann wieder ganz in sich zurückgezogen. Das Sonnenhafte ist das Helle, das Tages-Bewusstsein, das Schauen des Auges. Die Mondin ist das Nacht-Bewusstsein, die Dunkelheit, dem Ohr und dem Lauschen zugewandt. Die dunkle Seite der Mondin entspricht der unbewussten Seite der Frau, ihrer Mondin-Natur. Darin liegt aber auch eine dämonische Kraft, die den Mann verunsichern und ängstigen kann. Gleichzeitig ist er davon angezogen und fasziniert, denn sie wirkt unmittelbar auf das Unbewusste in ihm. Weil er fürchtet und misstraut, verstärkt sich seine wesensnahe intellektuelle Haltung, und er wird überheblich über das, was er nicht versteht.

Die Mondin als weibliches Prinzip beherrscht die Nacht, sie ist das Unbewusste, die Göttin der Liebe, ist Erregung geheimnisvoller Kräfte jenseits des unmittelbaren Verstehens. Zur Mondin gehören die Intuition und die anregenden, oft scheinbar unrealistischen Ideen aus einer tieferen Wahrheit heraus. Ideen, die berauschen und neu sind, aber fremd dem männlichen Denken. Sie entstehen nicht im Denken und können nicht gewollt werden. Das „Mond-Denken" geschieht von selbst. Das Symbol des Mondes zeichnen und bezeichnen wir auch als „Sichel". Ein eher schmerzendes Motiv. Wenn die Mondin ihre Sichel zeigt, ist der Rest der Mondin unsichtbar. Wir wissen, das die dunkle Mondin am Himmel steht und dass sie auf uns einwirkt, aber wir sehen sie nicht. So möchte ich die Form der Sichel anders sehen, auch ein Gefäß und damit Ursymbol des Weiblichen. Ein zartes Gefäß, das sich füllen will bis zur Rundung und dann abnimmt bis in die Leere, bis ins Unsichtbare hinein. Dann finden sich Worte, die das räumliche, weibliche Gestalten beinhalten: die Schale und das Runde, das Bergende und die Fülle. Aber auch die Leere, die sich nach Empfangen und Fülle sehnt.

Wir sprechen von einer Sichel und lassen damit auch anklingen, dass die Mondin so nahe am Dunkel steht, dass sie einsteigt ins Nicht-Sichtbare und daraus wieder aufsteigt. Die Sichel symbolisiert dann die Ernte aus der Fruchtbarkeit, ist aber auch eine Waffe der Zerstörung. Die Mondin ist nicht nur dunkel, sie ist auch verborgen. Dieser verborgene Aspekt des Weiblichen darf Mysterium bleiben, um aus dem Geheimnis heraus zu wirken. Das Geheimnis der Mondin bestimmt den Seelenraum und viele Mythen sprechen von ihren Geheimnissen, die uns immer noch innerlich bewegen. Die Mondin mit ihrem Geheimnis deutet im Wohnen hin auf den „geheimen Raum".

Eine Besonderheit in den hohen Zeiten des Jahres ist das Osterfest, das am ersten Sonntag nach dem Frühlings-Vollmond stattfindet. Es ist kein festes Datum, wie bei allen anderen Kirchenfeiern und weist hin auf Bewegung und Geburt, ist Heiligung durch die Kraft der Mondin. In Griechenland ist es der höchste kirchliche Feiertag und man begrüßt sich mit: „Er ist auferstanden!" Diese „Auferstehung" ist ein so unfassbares Geschehen wie die Verkündigung der Maria und spiegelt für mich die Geistige Kraft der Frau wieder wie ab Seite 83 beschrieben.

Mir ist es ein Anliegen, für das Wohnen und gemeinsame Leben auf die „Typenlehre" von Erich Wilk und die Forschungen von Charlotte Hagena hinzuweisen. Deren Beobachtungen zeigen auf, dass die Kraft des Mondes zur Zeit der Geburt stark auf uns einwirkt bis ins Atmen hinein, weswegen sie im Gesangunterricht schon lange beachtet wird. Für die Raumgestaltung ist das Thema noch nicht genügend erforscht. Wilk gibt jedoch erste Hinweise.

WAS IST KRAFT ?

In der Literatur finden sich keine Erklärungen, was Kraft wirklich ist. Alle physikalischen Erklärungen beschreiben nicht die Kraft, sondern nur ihre Wirkungen. Wird zu Ende gedacht, wird die Grenze der Wissenschaftlichkeit überschritten und man kommt zu der spirituellen Antwort, dass Kraft einen göttlichen Ursprung hat. Die großen Physiker schwiegen, wenn sie an ihre Grenzen kamen oder fassten das Ergebnis ihrer Forschungen zur Kraft in den Satz: „Bis dahin ist es Wissenschaft, danach ist es Glaube". Kraft ist, sie ist an sich da. Sie wirkt in jeder Pflanze, in jedem Tier und in jedem Menschen. Wir können der Lebenskraft, dieser Triebkraft des Wachsens nicht widerstehen. Sie wirkt, ob wir wollen oder nicht. Sei es körperlich, geistig oder seelisch. Es geht darum, wie wir mit unseren Kräften leben. Im Buch „Energetische Raumgestaltung" habe ich umfassender über die Kraft geschrieben. Zu unserem Thema wähle ich einzelne Wirkungen heraus.

> Kraft will wirken und bewegen.
> Kraft hat eine Richtung und eine Größe
> Kraft wirkt in den polaren Gegensätzen.
> Kraft kann durch Lebens-Gewohnheiten erstarren oder sich zerstreuen.

Zwei Wirkweisen möchte ich hervorheben. Kraft, die nicht ausgelebt wird, wirkt nach Innen zurück und schwächt unsere seelische, geistige und körperliche Lebendigkeit. Damit diese Kraft nicht zerstörend in uns wird, müssen wir sie „halten". Um diese Kraft aber zu halten, brauchen wir Kraft und verbrauchen wiederum Kraft. Es ist bildlich so, als ob man einen Ball unter Wasser halten will. Wir haben Angst vor der Größe unserer eigenen Kraft und fürchten, sie könnte sich verselbständigen und uns verletzen – und verletzen uns zugleich durch die Unterdrückung. Wenn diese Kraft nicht nach außen hin sich verwirklicht, richtet sie sich nach innen und kann, da nicht gelenkt, im unbewussten Raum zerstörerisch sein. Es entsteht ein sich verdichtendes Kraftspiel im Inneren, ohne im Außen schöpferisch wirken zu können. Statt dessen explodiert die Kraft unkontrolliert oder sie überschwemmt.

Eine andere zerstörende Kraft ist für unser Thema bedeutsam. Die tief schürfenden Untersuchungen von Erich Neumann in seinem Buch „Die große Mutter“ weisen auf eine „Gegenkraft“ hin. Sie ist Teil der unmittelbaren Schöpfungs-Kraft der Frau in ihrer Mütterlichkeit. Er spricht von der „fressenden Mutter“, weil jedes Schöpferische in sich auch die Aufhebung des Geschaffenen, die Zerstörung birgt. Im Osten findet sich diese aufhebende Kraft in der Göttin Kali wieder. Das Wort „Zerstörung“ ist heftig, aber ich finde kein anderes für diese letztlich freisetzende Kraft, die Festes und Erstarrtes auflöst, damit Neues und Lebendiges entstehen kann. Das möchte ich in kurzen Sätzen so beschreiben. Weil der Mann wirkend in die Weltlichkeit eingreift, entsteht durch sein Handeln und Gesetzgeben die Gefahr der Erstarrung, denn Alles neigt dazu, eine einmal eingeschlagene Richtung weiter zu vollziehen. Diese Erstarrung des Lebendigen muss aufgehoben werden, um Raum zu neuem Leben zu schaffen. In unserer Zivilisation wird das Zerstörende ausschließlich dem Mann angelastet, denn „Machen macht Macht“. Es geht also darum, die gebundenen Kräfte wahr zu nehmen und in schöpferische Bahnen zu lenken. Hier kann die Frau sich hilfreich einbringen, wenn sie zuerst erkennt und anerkennt, dass auch sie über zerstörende Kräfte verfügt, damit sie in weiblicher Weise männliche Irrwege zum Guten leitet.

Die Ausrichtung einer Kraft kann in zwei sehr unterschiedlicher Weise geschehen. Das möchte ich bildlich darstellen. Ein jeder Kraft-Impuls birgt in sich den nächsten Schritt. Zeichne ich einen Punkt, dann sehnt er sich zur Linie. Nun aber hat die Linie zwei Form-Ansätze: die Gerade und den Bogen. Hierzu siehe Abbildung Seite 31. Wenn diese Formen weiterhin vom Urimpuls belebt werden, wird die Gerade immer weiter und immer schneller sich gradaus bewegen. Der Bogen wird zum Kreis sich gestalten und um eine unsichtbare Mitte sich immerzu wiederholen. Diese zwei Formen können symbolisch das männliche und weibliche Sein spiegeln.

DIE WEIBLICHE KRAFT

EINSTIEG

„Um an ihre eigenen schöpferischen Quellen zu kommen, muss sie zuvor durch das tiefe Erlebnis ihrer weiblichen Natur hindurchgegangen sein."
Esther Harding

Die uns umgebende Welt ist vorrangig durch männliche Kräfte gestaltet und bestimmt worden. Dadurch entstand eine einseitige Lebensweise. Einseitig meint, dass kein schöpferisches Wechselspiel zwischen zwei unterschiedlichen Kräften möglich war, sondern Lebenskraft erstarrte oder verschleudert wurde. Die weiblichen Kräfte wurden eingeengt und das Schaffen und Hegen von Seelen-Räumen vernachlässigt. Ich habe jetzt bewusst die Worte „Mann und Frau" vermieden, denn je mehr wir uns unserem Thema nähern, umso deutlicher wird, dass es auch um die weibliche Kraft im Mann geht. Die weibliche Kraft möchte ich erkunden, indem ich zuerst den vorgezeichneten Lebensverlauf einer Frau betrachte. Er ist bestimmt durch die Mutterschaft und durch ihren Körper, der zweifellos anders ist, als der des Mannes. Es ist, als könne sich schon darin alles Weibliche offenbaren. Der Frau ist ein ganz eigener Weg auferlegt. Sie ist äußerlich und auch innerlich eingebunden in die Zeit. Die Zeit als eine der zwei Grundweisen des menschlichen Lebens – zu leben in Raum und Zeit.

„Der Raum ist der Leib der Zeit, die Zeit die Seele des Raumes."
Ludwig Klages

Der Lebensweg der Frau erscheint mir wie eine langwährende, sich immer wiederholende Initiation. Es wird sich zeigen, dass sie durch diese „Einweihungen" dem Unbewussten näher steht als der Mann. Dort im Unbewussten hat jede schöpferische Kraft ihren Urgrund und ist Teil der ursprünglichen Schöpferkraft der Frau. Der Mann gibt dieser ans Licht gehobenen Kraft die Gestalt. Durch das Mütterliche ist sie dem Sinnlichen, dem Körper und der Natur näher, aber auch der Grenzerfahrung des Todes und des Schmerzes. Durch das unmittelbar Schöpferische kann sie wie Lilith zerstören, um verdorrende Triebe zu beseitigen und neuer Schöpfung Raum zu geben. Sie ist die Seiende, der Mann ist es, der verwirklicht. Ihre Welterfahrung ist dem Mann nicht unmittelbar zugänglich. Seine Eigenart ist die größere Körperkraft, die er ansetzen kann und auch Gestalt gebend ausleben muss. Er kann nicht, was nur die Frau vermag: Empfangen, Austragen, Gebären und Stillen.

Die moderne Frau ist in ihrer Lebensgestaltung weiter als der Mann, weil sie in männlicher Umwelt das männliche Denken, Wissen und Handeln erlernen und mit ihren unmittelbar vorhandenen, weiblichen Stärken verbinden kann. Mehr aber noch, weil sie unter der Vorherrschaft des Mannes leidet und um ihr Leiden weiß. Der Mann ist in dieser männlichen Umwelt blind für sich. Auch er leidet an der Einseitigkeit, aber er ist sich seines Leidens nicht bewusst. Ohne Leiden aber geschieht keine Veränderung. Sein Leben zu ändern, ohne durch Leidensdruck oder einen Schicksalsschlag gezwungen zu sein, ist für den Mann sehr herausfordernd.

DIE KÖRPERLICHEN GEGEBENHEITEN

> *„Sie versteht mit dem ganzen Körper"*
> Erich Neumann

Es ist ein Wagnis, dass ich als Mann von Dingen spreche, die ich nie selber unmittelbar erlebt habe. Ich hoffe, ich finde die rechten Worte und verletze nicht aus Unkenntnis. Dennoch ist es unvermeidbar, dass ich Tabus berühre. Selbst so unmittelbare und am eigenen Körper erlebbare Urkräfte des männlichen Zeugens und des weiblichen Empfangens, die unser jeweiliges Denken und Fühlen bestimmen, werden nicht in die Wahrnehmung unserer Lebensvorgaben mit einbezogen. Sie werden in neuartigen Theorien sogar geleugnet. Zu den einzelnen körperlichen Geschehnisse hebe ich in kurzen Worten hervor, wenn es hinweist auf eine Verwirklichung im Planen, Bauen und Wohnen. Auch deute ich an, wenn es im Männlichen eine Entsprechung gibt, wodurch ein weiterer Blick auf das gemeinsame Geschehen geworfen wird und das Weibliche ergänzen kann. Das mag manchmal so weit gehen, dass die Taten des Mannes wie eine Ersatz-Handlung erscheinen und wie eine kulturelle Entsprechung.

DIE MENARCHE

Durch den Beginn der Menstruation und die sich entwickelnden Brüste erlebt der weibliche Mensch unmittelbar und körpernah den Übergang von der Kindheit zum Erwachsen-Sein. Es ist mehr, als nur ein körperliches Geschehen. Es bricht ein in den Seelenraum und verändert ihn. Das Mädchen tritt ein in den Kreis der Frauen und Mütter. Weil die Menstruation noch immer tabuisiert ist, wird dieses wundersame Geschehen zur Seite gedrängt. Dabei könnte es als ein sich wiederholendes Ritual gefeiert und gewürdigt werden. Frühen Kulturen war die Kraft von Ritualen bewusster und Teil des allgemeinen Lebens. Rituale unterstützen besonders Veränderungen in Übergangs-Zeiten.

Geheimnis des Lebens
Aufgenommen in die Gemeinschaft
Einbindung in Rhythmus und Folge
Ritual-Nähe

Die Initiation des Jünglings zur Mann-Werdung geschah ursprünglich durch sehr schmerzhafte Handlungen, durch Einsamkeit und Aussetzung in wilder Natur. Die körperlichen Herausforderungen gingen bis zur Erschöpfung, schufen Wunden bis hin zur Todesgrenze. Diese körperlichen Schmerzen bedeuteten psychisch eine Verwundung des unbewussten Ich und hatten den Zweck, einen neuen Menschen herzustellen. Zur Initiation gehörte auch, dass der Weise des Dorfes dem Knaben einen geheimen, nur ihnen bekannten Namen gab. Dieser Name wies in die Zukunft des jungen Mannes und in seine geistige Ausrichtung. Wer diesen Namen kannte, hatte die Macht über ihn. Wir kennen das aus dem Märchen „Rumpelstilchen“.

Auffällig ist, dass es in früheren Zeiten für das Mädchen keine entsprechende Initiation gab. Es war die beginnende Menstruation, die durch Rituale den

Übergang zum Frau-Sein würdigte. Das verweist auch hier, wie „natürlich“ und körpernah das Wachstum der Frau ihr wesensnah ist.

DIE MENSTRUATION

„Rhythmus ersetzt Kraft“

Die monatliche Blutung ist Reinigung und Wandelzeit. Das körperliche Geschehen verbindet sich zwangsläufig mit seelischen Bewegungen, die sich zu Emotionen steigern können. In dieser Zeit zog man sich früher in geheiligte Räume zurück, um heilend wahrzunehmen, was aus den eigenen Tiefen aufsteigt und dadurch das Gefühlsleben und die Lebendigkeit steigert. Es gab Kulturen, in denen diese besonderen Tage herausgehoben wurden durch eine gemeinsame Zeit in eigens dafür geschaffenen Häuser und durch Rituale und meditative Rückschau auf die vergangene “Periode“. Frische Kräfte wurden geweckt.
In der Geomantie gibt es ein räumliches Phänomen, wenn vor einem energetischen Hochpunkt erst ein Energieabfall entsteht. Ein Kreuzweg ist auf Linien angelegt, die Energie abbauen. Die Bildstöcke der begleitenden Kreuzstationen laden zudem seelisch Energien ab. So ist man „leer“, wenn die hohe Energie der Wallfahrtskirche betreten wird. Das gleiche wird im Labyrinth erlebt, dessen Bau so sehr das weiblich Gestaltete widerspiegelt. Im vorletzten Schritt wirkt ein Energiesog, um in diese Leere dann die Fülle der aufbauenden Mitte einfließen zu lassen. So kann – im Zeitablauf und im körperlichem Wandel – auch die Menstruation wie ein „reinigendes“ Geschehen wirken – im Leerwerden und in der Fülle. Tabus und fehlendes Wissen lassen diese Kräfte der Menstruation sich nicht entwickeln. Es können sich aber die unvermeidbaren Emotionen zu Explosionen steigern. Je mehr von Tabus befreit, kann in jedem Monat ein geistiger und seelischer Weg erlebt werden – vom Körper herausgefordert und als schöpferisches Geschehen. Dieses allumfassende Geschehen bedarf des wohltuenden Umraumes, am besten als Rückzug, im Wohlwollen der umgebenden Menschen, in Schönheit und Reinheit.

Rudolf Steiner weist darauf hin, dass die Menstruation wie eine wirkliche Geburt wirken kann. So erfolgt jeden Monat eine übersinnliche Schwangerschaft. Diese Zeit ist ein Sterben und eine neue Geburt nach „übersinnlichem Empfängnis" und dieser „Monat" kann insgesamt als ein Lebensprozess von Zeugung, Reifung und Gebären gesehen werden. Somit geschieht auch Frauen, die nicht Mutter werden, dennoch ein Geheimnis der „Geburt". Es ist radiästhetisch nachweisbar, dass die Frau in der monatlichen Erneuerung viel Energie aufbringen muss. Wenn also ein Paar nebeneinander schläft und die feinen Energiekörper sich ausdehnen und verbinden, so kann der Mann an Energie verlieren. Dieses Geschehen spiegelt sich im Symbol der Ehe wieder, den zwei sich durchdringenden Kreisen. Man spricht deshalb auch von „sie schlafen miteinander" und meint damit mehr als nur die sexuelle Verbindung. Dieses energetische Geschehen sollte nicht negativ bewertet werden, sondern bewusst gewürdigt sein. Es verweist darauf, dass in einer Ehe auch der Mann teilhaben kann durch ein begleitendes Ritual oder wenn er sich räumlich zurückzieht, aber innerlich sich stärker mit der Frau verbindet, in Meditation und geistig-seelischer Weise.

Durch den monatlichen Zyklus entsteht eine einprägsame, körperliche Wahrnehmung der Zeit. Das wird verstärkt durch die Wirkung des Mondes, dessen Wechsel die Zeit am Himmel sichtbar macht. Die Wiederholung der Menstruation erzeugt ein tiefgreifendes Gefühl für Verlässlichkeit und Rhythmus. Als körperliches Erleben wird die Sinnlichkeit angerührt und die Natur unmittelbar im eigenen Körper erfahren.

Rhythmus
Wiederholung
Verlässlichkeit
Zeiterleben in körperlicher Einprägung
Körper und Natur
Sinnlichkeit

Es gibt zur Menstruation keine „kulturelle" Entsprechung durch den Mann. Der Aderlass war früher „medizinisch" gewollt und wurde in Europa bis zur Neuzeit hin gepflegt, um unreines Blut zu lösen. Als Ritual ist er mir nicht bekannt.

DIE EMPFÄNGNIS

„Die Frauen, in denen unmittelbarer, fruchtbarer und vertrauensvoller das Leben verweilt und wohnt, müssen ja im Grunde reifere Menschen geworden sein.......“
R. M. Rilke

Es gibt in unserer christlichen Kultur zwei geheimnisvolle Geschehnisse – die Verkündigung und das Empfängnis. Der Engel bringt die Botschaft, Maria sei auserkoren, ein Kind Gottes zu empfangen. Welch großes Urvertrauen lag im Herzen dieser Frau, wenn sie mit Hingabe antwortet. Es ist auch ihr Vertrauen in die geistige Kraft des Empfangens. Mehr noch, es spiegelt ihre ureigene weibliche Geisteskraft. Es liegt ein umfassenderes Geheimnis in der Empfängnis, das uns fern geworden ist. Aus der Mythologie wissen wir, dass früher der Zeitpunkt der Befruchtung wesentlicher war als der Augenblick der Geburt, denn nicht jede körperliche Befruchtung trug „Frucht“. Gemeint war die „Geistige“ Kraft, die sich nieder senkte in den Leib der Frau. So bekommt auch die Kunde von der „jungfräulichen“ Empfängnis eine nachvollziehbare Bedeutung. Manchmal höre ich von Menschen, dass sie im Augenblick der Zeugung eine Licht-Erscheinung im Raum erlebten. So geht die eigentliche Hingabe weit über das Öffnen des Leibes hinaus. Das Empfangen wird ein Nach-Innen gehen, ist unmittelbares Da-Sein.

Urvertrauen
Geheimnis
Hingabe
Gewissheit
Geisteskraft

DIE SCHWANGERSCHAFT

„Die Mütterlichkeit ist die Zärtlichkeit Gottes"
Paul Evdokinov

In der Schwangerschaft kann man wenig Einfluss auf die Zeit nehmen. Man kann sie nicht beschleunigen. Warten können und ein Wesen reifen lassen, wird zum Lebens-Inhalt in dieser Zeit. Die Dauer, das unmittelbare Erleben des Wachsens und das Warten in einer nicht selbst bestimmbaren Zeit wird zu einem heraus gehobenem Erleben. Die neun Monate der Schwangerschaft ergeben einen besonderer Rhythmus aus den dreimal drei Monaten, des Frühlings, Sommers und Herbstes – dann die kristalline Winterzeit, das Sichtbare, Fassbare, Wirkliche. Die werdende Mutter ist ganz ihrem Innen-Raum zugewandt im Fühlen und Horchen in sich hinein. Sie wird zum hörenden Wesen. Dieses Hören ist ein passives aber kreatives Geschehen. Es wird zum Horchen ins Verinnerte, rührt verborgenes Wissen und die Intuition an. Durch ihre Geborgenheit im Mütterlichen und ihr Horchen nach Innen ist sie dem Zauber des Unbewussten nah. Das ist kein rationales Erkennen, sondern fördert die „ahnende Wahrnehmung", diese ur-weibliche Weise zu „wissen". Dieses Horchen und dann in Worte fassen, braucht Zeit, ist nicht so schnell wie das Denken und das Sprechen. Das Weibliche braucht Zeit, denn es spricht aus dem Seelenraum heraus. Die Sprache der Seele aber ist bildhaft und kann deshalb niemals schnell sein.

Dauer
Warten
Kann nicht beschleunigt werden
Nach innen sich wenden
Nach innen horchen
Ahnende Wahrnehmung
Das Geheimnis des Lebens

Was gefühlt wird, findet nicht sofort Worte und möchte am liebsten ohne Worte auskommen. Somit braucht eine Bauherrin oder eine Planende nicht nur mehr Zeit, sondern auch einen anderen „Erlebens-Raum", um das Eigentliche jenseits des eingrenzenden Wortes auszudrücken. Seien es Träume oder dass die Finger das Gefühlte in Ton aus-drücken. Seien es Farben oder

Bewegungen, mehr noch der absichtslose Tanz. Auch „Innere Reisen“ dienen, um Erahntes von Innen nach Außen zu bringen.

Die Schwangerschaft braucht mehr als den äußeren Schutz, denn das neue Wesen bekommt alle seelischen und geistigen Regungen der Mutter mit. Es erstaunt, wie ein Kind später leidet, weil es – noch im Mutterbauch – spürt, wie unerwünscht es ist oder nicht der erwartete Sohn ist, sondern ein Mädchen wird. Das braucht, wenn es später erkannt wird, eine besonders umhegende Wohngestaltung.

DIE GEBURT

> *„Ganz ins Mutter-Sein aufgehend, reicht sie seelisch und biologisch an die Vollkommenheit der göttlichen Jungfrau-Mutter heran und gewinnt etwas von ihrer jungfräulichen Unberührtheit zurück. Früher wurde die Schwangere als besonderes Wesen verehrt. Sie war „Eine von den Müttern“ und erlebte zugleich ihre individuelle Selbständigkeit. Geschenkt wird ihr die Offenbarung des tiefsten Sinnes des Lebens.“*
> Esther Harding

Durch die Geburt und das kleine Wesen wird die unmittelbare Erfahrung gemacht, schöpferisch zu sein – in der Geburt eines neuen Geschöpfes. Das Kind ist Teil der Mutter gewesen, ist jetzt sichtbar und fühlbar. Weil die Schaffung von neuem Leben so ausschließlich von der Frau getragen wird, verwundert es nicht, dass in ganz frühen Kulturen man die zeugende Mitwirkung des Mannes nicht erkannte. Auch wenn es nicht ins Bewusstsein tritt, trägt eine Geburt schon die Gewissheit des Todes ihres Kindes in sich. Die Lebens-Geschichte von Maria verweist darauf, wenn sie beim Tod ihres Sohnes am Fuß des Kreuzes steht.

Gewiss, die Mutter zu sein
Schöpferisch per se
Urvertrauen ins Leben
Heimat in sich selber finden
Seins-Annahme

Vater zu werden, ist dem Mann kein körperliches Geschehen, ahnend eher, wenn er bei der Geburt dabei ist. Noch liegt es dem Mann im Blut, dass er nicht weiß, ob er wirklich der Vater seines Kindes ist. Das hat Tradition, wie die Oper „Figaros Hochzeit" uns zeigt, wenn der Fürst auf sein „Recht der ersten Nacht" pocht. Dieses Recht war in ursprünglichen Kulturen gemeint als die „Himmlische Hochzeit", die Verbindung mit dem Göttlichen. Es ist erwiesen, dass Großeltern von mütterlicher Seite sich mehr den Enkeln zuwenden, weil bei der väterlichen Seite die Vaterschaft nicht so eindeutig ist. Ein Zeichen, wie unbewusst Gefühle noch immer miteinander verbunden sind.

Vater zu werden ist ein freier Akt des Willens und eine große Kulturtat. Früher erkannte ein Mann das Kind als das seine an, indem er es auf sein Knie setzte. Die Wortwurzel zu Knie ist sowohl „Gebären" als auch" Erkennen". Die Vaterliebe ist im Leben eines Kindes so sehr bedeutsam und stärkend, weil diese Liebe nicht von Natur und aus körperlichem Geschehen sondern frei gegeben wird.

DER SCHMERZ

Das Leben beginnt für jeden Menschen – für Mann und Frau – mit dem Schmerz der eigenen Geburt. Schmerz ist unsere erste Welt-Erfahrung und findet Widerhall für die Frau in der Geburt ihres Kindes. Der Geburts-Schmerz ist ungeheuer groß. Er ist eine Grenz-Erfahrung und kann Teil eines Wandlungs-Geschehens sein und einen vertieften spirituellen Weg vorbereiten. An dieser Stelle muss vom Kaiserschnitt gesprochen werden und von seinen Folgen für das Geborene und die Mutter, denn zurzeit geschieht jede dritte Geburt durch Kaiserschnitt, davon nur jede achte aus medizinischen Gründen. In Beratungsgesprächen sollte die Art der Geburt und ihre Schwierigkeiten mit einbezogen werden, denn sie können prägend für das geboren Wesen sein und später im Wohnen sich ausleben wollen.

Schmerz als Teil des Lebens
Ein Wandlungs-Geschehen

Der Mann sucht diese Grenz-Erfahrung des Schmerzes, weil er ahnt, dass dahinter eine andere Wirklichkeit liegt. Auf dem Einweihungs-Weg zum Schamanen wurden willentlich Schmerzen zugefügt und als Teil seiner Initiation trug der Schamane eine Wunde davon. Die „Askese" des Mannes grenzt hier an. Der Indianer sagt, dass er seine Schmerzen ertrage, um am Schmerz der Frau würdigend teil zu haben.

DIE TODESNÄHE

Vor noch nicht so langer Zeit starb durch die Geburt so manche Mutter. Diese Todesnähe ist zwar medizinisch aufgehoben aber wurzelt, wenn auch nur ahnend und verdeckt, immer noch in der Frau – ein neues Leben zu geben und dem eigenem Tode dabei nah zu sein. Das fordert zu einem tiefen Vertrauen ins Leben auf, ist Seins-Annahme und das Gefühl, Heimat in sich selber finden zu müssen.

Grenz-Erfahrung des Lebens

Was der Frau geschieht, muss der Mann mit freiem Willen tun, will er ebenfalls die Grenze des Lebens erfahren. Das tat in den Mythen der Held, der den Kampf mit dem Drachen wagte, um einen Schatz zu heben, ein Wesen zu retten. Heutzutage wagt ein Mann oft unbewusst und unsinnig „halsbrecherische" Dinge. Mutiger wäre es und der Gemeinschaft dienlicher, wenn er wagte, in die Abgründe des Unbewussten sich einzulassen. Dann kann ein „Absterben" in tiefster Stille geschehen – und dennoch Neues schaffen.

DAS STILLEN

Im Stillen gibt die Mutter vom eigenen Körper. Sie gibt Teil von sich in unmittelbarer Verbindung zu einem anderen Menschenwesen. Hier offenbart sich die tief gegründete Kraft des Weiblichen, eine Gemeinschaft zu bilden. Durch die Nähe von Haut zu Haut entsteht zudem ein erfüllendes Reich der Sinnlichkeit. Das Stillen weist hin auf die weibliche Sexualität, mit dem

Wunsch nach Nähe, Wärme und besonders nach Berührung. Berührung rührt den Seelenraum, das Innere an, sehnt sich nach einem Menschen, der sie seelisch „berührt", nach Gemeinschaft der Herzenswärme.

Geben vom eigenen Körper
Verbindung zum Menschen an sich
Die erste tiefste Gemeinschaft
Sinnlichkeit

Die Neigung des Mannes zur Gemeinschaft findet ganz anders statt – in Vereinen, Gruppen Mannschaften und Kameradschaften. Sie ist zielgerichtet und aufs Tun und Denken bezogen.

DIE SINNLICHKEIT

Meine Hinwendung zur Weisheit unserer Mythen, lässt mich an dieser Stelle die Geschichte von Teiresias erinnern. Er war ein Priester des Zeus. Versehentlich tötete er eine weibliche Schlange. Zur Strafe wurde er von der Göttin Hera in eine Frau verwandelt. Er heiratete und hatte auch Kinder. Nach sieben Jahren traf er wieder auf ein Schlangenpaar und tötete ungewollt diesmal die männliche, worauf er wieder zum Mann wurde. Das machte Zeus und Hera neugierig und sie fragten, wer in der geschlechtlichen Liebe am meisten Lust empfinde. Teiresias offenbarte, dass eine Frau neunmal so viel mehr Lust empfinde als der Mann. Aus Zorn, dass er dieses Geheimnis verraten hatte, ließ ihn Hera erblinden. Das konnte Zeus nicht rückgängig machen, aber er verlieh Teiresias zum Ausgleich die Gabe des Sehers und eine siebenfache Lebensdauer – so spricht der Mythos.

DIE MENOPAUSE

Die Menopause kann im Leben einer Frau eine ganz besondere Zeit werden. Die Menarche geschieht wie nebenher, die Menstruation ist noch tabuisiert und die Wechseljahre sind wie im Unbewussten versteckt. Eine Würdigung des Klimakteriums gibt es nicht, und viele Frauen sind sich der großen geistigen Kraft dieses Überganges nicht bewusst. Für die Lebensphase nach der Menopause gibt es keinen eigenen Begriff, keinen der diese Zeit hervor hebt. Dabei kann noch ein Leben von Jahrzehnten bevorstehen. Es erstaunt auch, dass in keiner Kultur und zu keiner Zeit jemals Übergangs-Riten gepflegt wurden. Es fehlt eine Tradition, auf die man sich beziehen könnte, selbst eine Tabuisierung gibt es nicht, denn diese Zeitphase im Leben der Frau war nie so gegenwärtig wie jetzt dank unserer hohen Lebenserwartung. Das mag damit zusammenhängen, dass die Mütter früher fast jährlich gebaren, die Kindersterblichkeit groß war und die Lebensdauer viel geringer als heute. Eine Kultur der Menopause konnte nicht entstehen, weil die nachfolgende Zeit selten erreicht wurde.

Es geschieht im Körper etwas Neues. Die Fruchtbarkeit und damit die unmittelbare Sinngebung des weiblichen Lebens hören auf. Nach all der Hingabe und Lebendigkeit kommen jetzt die „Wechseljahre". Die große Weisheit der Sprache weist mit diesem Wort hin auf eine wesentliche Wende im Leben der Frau. Sie findet statt, wenn die Hälfte des Lebens vergangen ist und die Frage nach dem Sinn des Lebens vorrangig wird. Es ist auch die Zeit, wenn die Kinder flügge geworden sind und im Haus eine Leere entsteht. Die Menopause kann zu einer Wieder-Geburt werden, zur selbst gewollten eigenen Geburt. Was als Mangel gesehen wird, ist ihre große Chance. Ihr Organismus drängt hin zu einer „Neuen Fruchtbarkeit". Dann gebiert sich die Weisheit der Frau durch die Weisheit ihres Körpers – aus ihrer Urerfahrung des „Lebens an sich." Das ist ihre unerschütterliche Weisheit aus der heraus sie nun frei ihren geistigen Weg gehen kann. Ihr entsteht die „Geistes"-Öffnung, ohne sich an der analytischen Welt des Mannes auszurichten. Das Klimakterium ist wie ein sich öffnendes Tor zum Unbewussten. Die Hitzewallungen ihres Körpers erscheinen dann so, wie sie von angehenden Schamanen bewusst erzeugt werden, um die Grenze zur anderen Wirklichkeit zu durchbrechen.
Wenn die Zeit der neuen Fruchtbarkeit künftig in ihren Möglichkeiten gelebt und gewürdigt wird, dann wachsen aus gelebter weiblicher Geisteskraft heraus „neue Mütter" heran, die ihren Töchtern wahre Mütter sein können. Dann wird die Großmutter zur „Großen Mutter". Früher war dies die Zeit des Wandels hin zur „Weisen Frau". Damals wurden die Frauen getragen von der hohen Verehrung des Alters. Vielleicht braucht es künftig eine geistige

Schulung. Hier konnte nur wenig und nur in kurzen Worten das Wesentliche hervor gehoben werden.

Zur Vertiefung fand ich das Buch von Ann Mankowitz am einfühlsamsten. Individuelle Beratungen und Seminare zum Thema „Vom Wesen der Wechseljahre als geistig-seelischer Schulungsweg und als Wandlungsgeschehen" gibt meine Frau Philemon Sophia Hoepfner-Jordan. Adresse am Schluss des Buches.

Zusammenfassung

Zu den weiblichen und mütterlichen Kräften möchte ich abschliessend C.G. Jung zitieren:

> *„Die magische Autorität, die Weisheit und die geistige Höhe jenseits des Verstandes. Das Gütige, Hegende und Tragende. Wachstum, Fruchtbarkeit und Nahrung spendend. Die Stätte der magischen Verwandlung und Wiedergeburt. Der hilfreiche Instinkt, das Geheime und Verborgene. Die orgiastische Emotionalität. Aber auch die unterweltliche Dunkelheit. Das Finstere, der Abgrund, die Totenwelt. Das Verschlingende und Verführende, Angsterregende und Unentrinnbare."*

Es ist, als ob der Leib der Frau ihren Lebensweg unmittelbar vorgibt und ihn führt. Daneben ist der Mann wie nackt und hilflos und muss aus dem Nichts und seiner Fremdheit heraus seinen geistigen Weg gehen, muss ihn wollen – und ihn dann gehen.

DIE GEBORGENHEIT DER FRAU

„Jede Mutter enthält ihre Tochter in sich und jede Tochter ihre Mutter. Durch das bewusste Erleben dieser Verbindungen entsteht ein Gefühl der Ausdehnung des Lebens über Generationen."
C.G. Jung

Im Anfang der menschlichen Entwicklung war die Einzelseele mit der Stammesseele verbunden. Daraus entstand eine noch immer wirkende Gedächtnisspur, denn mit dem Blut erhielt sich das Gedächtnis durch die Generationen hindurch. Man fühlte in Generationen – wie immer noch in Asien – und dachte und handelte wie die Eltern und Großeltern. Wir leben jetzt in anderen Bewusstseins-Ebenen, doch in vielen Situationen schwingt Altes noch immer mit. Darum sprechen wir von den Großeltern als von den Ahnen und im Wort „Er-Ahnen" klingt die Fähigkeit des Weiblichen noch mit und ihre Verwurzelung in Früherem. Auch wenn es sich im Unbewusssten abspielt, so wirkt doch das „Zellkraftwerk" der Mitochondrien. Jedes Kind – auch das männliche – kommt leiblich von der Mutter. Auch die DNA zieht sich seit Eva entlang der mütterlichen Linie bis hin zum heutigen Tag. Jeder Mensch lebt darum mit Evas Zellkräften.

Jede Tochter wird als künftige Mutter geboren. Es besteht für sie eine Urbeziehung zum Weiblichen. Die Tochter bleibt von Anbeginn an im Mütterlichen, kann sich darin entfalten und zu sich kommen, ohne den „Kreis der Großen Mutter" zu verlassen. Sie ist geborgen. Diese Grundgegebenheit des Weiblichen bewirkt, dass Selbstfindung und Urbeziehung übereinstimmen. Das gibt der werdenden Frau den Vorzug einer natürlichen Ganzheit. Mutter und Tochter werden zu einer Geschlossenheit. Als weibliches Wesen, schon im Mutterbauch weiblich getragen, wird sie in die weibliche Welt der Mütterlichkeit hineingeboren. Sie ist als Tochter nach der Geburt umhüllt vom Seele prägenden gleichen Geruch und von weiblicher ihr schon vertrauter „Umwelt". So ist jede Frau geborgen in der nur ihr gegebenen ganz eigenen Welt. Das ist eine umfassende und weit tragende Lebens-Gewissheit. Diese „Geborgenheit" kann die Frau vermitteln und ist für unser Thema bedeutsam, weil Geborgenheit die unmittelbar umhüllende Qualität des Wohnens ist.

Mutter und Tochter bleiben über Jahre nah miteinander verbunden. Die Mutter lebt in der Tochter und die Tochter lebt das Leben der Mutter, nimmt Teil an allen Tätigkeiten – und lieben sogar den selben Mann. Später wirbt die Tochter um die Liebe des Vaters, so wie auch ihre Mutter seine Liebe ersehnt. In dieser gleichen Hinwendung sind Mutter und Tochter miteinander verbunden und obwohl es Rivalität ist, führt es zu einer „schöpferischen" Identifikation zwischen beiden und prägt gleichzeitig die Weiblichkeit der Tochter. Die Mädchen erlernen ihre Weiblichkeit im Umgang mit ihrer Mutter im alltäglichen Leben des Wohnens und im Tun und werden eher erwachsen. Sie wachsen auch leichter in das Gemeinschaftliche hinein. Was ich bei der „Weisheit des weiblichen Körpers" beschrieb, ihren einverleibten Gewissheiten und dem Getragen-Sein in der Zeit, vertieft die Geborgenheit.

DIE GEISTESKRAFT DER FRAU

„Der Mann steht, wo die Erde endet, die Frau, wo der Himmel beginnt“
Victor Hugo

Mit diesem Thema taste ich mich an etwas heran, was sich mir erst während des Schreibens erschloss und ich nur ahnend erfasst habe. In einem Satz von C.G. Jung fand ich eine erste Annäherung: „Die geistige Aufnahmefähigkeit des Weiblichen als williges Gefäss für die Offenbarung.“ Wir verbinden Geist oft nur mit Denken, Verstand und Intellekt, was dem analytischen Denken dem Mann näher vertraut ist. Ich meine aber eine Geisteskraft, die den Frauen ursprünglich gegeben wurde. Sie ist ihnen jedoch kaum bewusst, weil unser Gottesbezug nur zaghaft ist. Dieses „Wissen“, das ich meine, ist dem nahe, was in der christlichen Dreifaltigkeit von „Vater, Sohn und Heiliger Geist“ anklingt. Das merken wir zu jedem Pfingsten, der als froher Feiertag genossen wird, aber fern der Frage bleibt, was denn der „Heilige Geist“ bedeute. Ich möchte dieser Spur folgen, auch wenn ich Neuland betrete und mich preisgebe.

Sylvia Perera verweist auf die Einheit des weiblichen Körpers mit der Seele und der Weisheits-Möglichkeit der Frau aus ihrem leiblichen Geschehen heraus: „Vielleicht wird die Seele als weiblich empfunden, weil die Körper-Erfahrung der Frau ein vielfältiges Durchdringen der Körpergrenzen ist von der Menstruation bis zum Gebären, der Sexualität und dem Stillen. Diese Durchdringungen entwickeln die Fähigkeit, dass die Seele vom Göttlichen durchdrungen wird. Mit dem Verlust ihres Kontaktes zum Irrationalen aber hört eine Frau auf, sie selbst zu sein.“ Im Alten Testament heißt es, dass Gott den Adam in einen „tiefen Schlaf“ fallen ließ, ihm eine seiner Rippen nahm und daraus eine Frau schuf. Dieses Bild wird zu oft benutzt, um die Schaffung der Frau aus dem Mann heraus zu rechtfertigen. Aber nun fehlt Adam etwas, was jetzt Eva hat. Der tiefe Schlaf deutet auf das Reich des Unbewussten hin, das nun der Frau gegeben ist. Früher wurde die Sehergabe und die Kunst der Weissagung der Frau zugeschrieben, weil sie dem Unbewussten und der inneren Weisheit gegenüber offener ist als der Mann.

„Das religiöse Prinzip innerhalb des Menschlichen ist in der Frau ausgedrückt durch ihre besondere Sensibilität für das rein Geistige. Die weibliche Seele ist den Quellen der Schöpfung am nächsten.“
Paul Evdokimov

Als Adam in den Apfel biss und damit vom Baum der Erkenntnis aß, übertrat er ein Gebot und wurde schuldig. Auch Eva hatte schon vom Apfel gekostet, aber blieb „unberührt“, weil ihre innere Weisheit sie unempfänglich macht für das trennende, das männliche Erkennen.

Aus den bildstarken Texten der Bibel berührt mich besonders die Verkündigung. Da tritt der Engel an Maria heran und spricht zu ihr. Es ist ihr unfassbarer Mut, dem Engel zu vertrauen, sich zur Verfügung zu stellen und zu empfangen. Diese fraglose Hingabe aus der tiefsten Gewissheit, ist Wissen als Weisheit aus der Kraft des Weiblichen heraus. Die Verkündigung ist für mich die erste Tat zur Menschwerdung. Die Geisteskraft der Frau können wir neu entdecken aus dieser Weisheit ihres Leibes, ihrer Geste des Seins im Empfangen. Das begrenzt sich nicht auf ihre Fähigkeit, Mutter zu werden. Es ist die Weisheit, die im Einssein mit den Gesetzen der Natur entsteht. Lange glaubte ich, zuerst sei es das männliche Zeugen, dass ein neuer Mensch entstehe und das weibliche Empfangen sei die Folge. Aber zuerst ist es die Verkündigung und Marias Hingabe an das Geheimnis des Göttlichen. Empfänglichkeit, Offenheit und Aufnahmefähigkeit sind weibliche Fähigkeiten. Das setzt Leere voraus, weshalb Jung die Leere als das große Geheimnis des Weiblichen bezeichnet.

Der Engel spricht: „Der heilige Geist wird über dich kommen... und die Kraft des Höchsten wird dich überschatten.“ Lukas I 35. Es ist der Engel Gabriel. Sein Name bedeutet „Kraft Gottes“. Er ist Träger göttlicher Zeugungskräfte, der Ur-Zeugungs-Kraft. Die Empfängnis der Maria wurde bildlich dargestellt durch den Wind und meint den Ton, den Klang, den Hauch, den Atem. Die Befruchtung geschah durch das Ohr, durchs Hören, Horchen und Gehorchen. Es war ein Geistesgeschehen, das unsere Vorfahren noch als Lichterlebnis wahrnehmen konnten. Sie konnten die „Geburt“ im Empfangen des heiligen, kosmischen Geistes sehen.

„Im Grunde sieht jede Mutter hinter dem Kind das Kreuz von Golgatha. Mutterschaft im umfassenden Sinn, wenn sie weiss, das geborene Wesen ist todgeweiht.“
Herman Weidelener

Das Weibliche wird durch Maria still und kaum sichtbar durch das ganze Geschehen des „Neuen Testamentes“ hervor getragen. Der Weg, den Christus ging, beginnt und endet mit Maria. Nach der Geburt folgten Flucht, Gefahren und Armut. Am Ende seines Weges steht nur ein Mann bekennend am Fuß des Kreuzes, wohl aber verharten drei Frauen. Maria wird dann zur „Mutter“ von Johannes „bestimmt“. Sie nimmt den Auftrag an, den Christus-Impuls in die Welt zu tragen. Sie ist in den Berichten „einfach da“, irgend unscheinbar, doch für uns so wesentlich in ihrer Glaubens-Gewissheit.

EIN BLICK ZURÜCK AUF DAS MATRIARCHAT

Das Wort „Matriarchat" bedeutet „Mutterherrschaft" und auch „Frauenherrschaft" und meint eine Gesellschaftsform, in der ausschließlich die Frauen die Autorität besaßen. Nach den Untersuchungen von Uwe Wesel gab es ein reines Matriarchat nicht, wohl aber Kulturen, in denen das Weibliche einbezogen war und das Leben mitbestimmte wie bei bei den indianischen Stämmen der Hopi und Irokesen. Vielleicht ist es stimmiger, diese Epochen als Zeiten zu beschreiben, in der die Göttin im Mittelpunkt des alltäglichen Lebens stand. Die Besonderheit einer solchen, vorgeschichtlichen Kultur ist, dass uns kaum bauliche, künstlerische und schriftliche Dokumente vorliegen. Alle Forschungen zum Matriarchat können nur auf wenige Zeugnisse zurückgreifen. Dennoch ergibt sich aus den Relikten eine Lebensform, die ganz anders ist, als die unsrige und einen Ausblick darauf geben, wie eine weiblich orientierte Lebensweise sein könnte.

Es ging den Menschen in dieser Kultur um die Unmittelbarkeit des alltäglichen Lebens und des Erlebens und musste sich nicht in Kunstwerken und Bauten ausdrücken. Das Leben selber war ihnen Kunstwerk. Wichtig war ihnen die Nähe zur Natur – ihr Keimen, Wachsen und Vergehen. Das Jenseitige und das Göttliche waren Teil ihres Alltags. So sind die uns erhaltenen Kunstwerke der Bogumilen vorrangig Grabdenkmäler, als Ausdruck der Überwindung von Leben und Tod. Sie sahen das Göttliche im Kreislauf der ewigen Wiederkehr und machten sich kein Bild von Gott. Das Übersinnliche war ihnen vertraut und nah, woraus eine spirituelle Lebensform entstand. Es war ihnen nicht wichtig, ihr inneres Erleben und ihr Können durch äußere Gestaltungen zu verewigen.

Die Beschreibungen aus diesen vergangenen Kulturen, in denen das gemeinsame Leben von Frauen bestimmt war, zitiere ich, weil sie bildhaft wiedergeben, was eine weibliche Kraft heute sein kann und weil dadurch der Unterschied zu unserer jetzigen Lebensweise deutlich wird. Es sind besonders die Forschungen von Göttner-Abendroth, aus denen ich Bereiche hervorhebe und in meinen Worten zusammenfasse. Interessant sind auch die Erfahrungen aus meinen Seminaren. In meiner Lehrtätigkeit ließ ich Studierene durch „Innere Reisen", ein Geschehen und einen Ort „erträumen", in denen

Frauen die Führenden in der Lebensgestaltung sind. Im Buch „Räume der Kraft schaffen" habe ich daraus Texte zitiert, die zu meinem Erstaunen nahe zu den Forschungsergebnissen sind. Die folgenden Beschreibungen sind bewusst kurz gehalten. Dabei hebe ich einzelne Worte hervor, die schon bei der Beschreibung der „Weiblichen Kraft" auftauchten und hier ihre Wiederholung finden.

MATRIARCHALE KUNST

Lebensform wird Kunstform.

Zu den Sonnenwenden wurden Feste über mehrere Tage gefeiert als Fruchtbarkeits-Rituale für Saat, Wachstum und Ernte. Sie waren dadurch eingebunden in den Rhythmus des Jahres und verbunden mit dem Naturgeschehen. Das nach Innen sich wenden im Dunkel der Weih-Nächte oder das Rauschhafte in der Mitte des Jahres, wenn der Ätherleib der Erde sich gen Himmel und ebenso der Mensch sich weitet in der Ekstase der Johannisnacht. Das Jahr wurde als eine große Schwingung empfunden und durch Feste und Rituale ausgelebt. Sie waren lange vorbereitet. Kleider wurden genäht, Stoffe gewebt, Töpfe geformt, Schmuck gestaltet, Musik komponiert, Tänze eingeübt, Verse und Lieder gedichtet. Speisen und Getränke wurden angerichtet, der Ort geordnet und geschmückt. Durch Reinigung des Körpers und Geistes, durch Meditation und Gebete verfeinerte man die **Sinne** und wandte sich den kosmischen Kräften zu. All das ist ein **Zeit-Geschehen**, immer in der Gewissheit, es wird sich wiederholen in Zeugung, Geburt, Reife und Tod – dazwischen der nüchterne Alltag – und wieder die Wiederholung als Zeugung. Diese Kunst des Lebens schmiegt sich ein in die **Natur** und ihre **Rhythmen**.

„Wenn in einer rituellen Handlung ein Mythos dargestellt wird,
so geschieht bei den Vollziehenden eine heilende Wirkung
und kommt dadurch in Ordnung."
Emma Jung

In diesem Geschehen sind **die Schöpfende** und das Geschöpfte eins. Im Gegensatz zu unserem heutigen Kunstbetrieb, in dem Kunst kaufbar ist und der Künstler der Schöpfer ist, der Käufer nur genießt. Es gab keine Bewertung und Kritik, wie wir sie gewohnt sind, denn **Künstlerin und Kunstwerk waren eins**. Jede gab ihr persönlich Bestes und war gleichzeitig Teil eines großen Ganzen. War Künstlerin und Kunstwerk zugleich. Jede war ganz bei sich gegenwärtig und dennoch wacher Teil der Gemeinschaft. Es gab keine Trennung der Künste: Tanz, Gedicht, Kostüm, Ornamente, Schmuck, Gesang, Bewegung und gestaltende Gesten waren ein Gesamtes. Es wurde die Gemeinschaft belebt und **spirituelle Eigen-Erfahrung** im sozialem Tages-Sein verbunden. Die Gemeinschaft war wie das Abbild der Sterne am Himmel, war übergeordnet und hegend. Alles Tun hatte symbolischen Charakter und war zugleich **sinnlich fassbare Wirklichkeit**.

Dadurch wurde der Alltag zum Kunstwerk.

Kunst war alles, was der **Gemeinschaft** zum Wohle und zum Wachsen diente. Alles wurde gemeinsam gemacht. Man gab sich der Feier bis zur **Ekstase** hin. Diese Hingabe erzeugte ein tiefes Gefühl der Einheit innerhalb der Gemeinsamkeit. Durch den Tanz war der ganze Leib mit einbezogen. Durch die Sinnlichkeit entstand eine kosmisch erfahrbare Welt. Diese Weise der Kunst verbindet Sinnlichkeit, Eros, Körperfreude und Ekstase zu einem unmittelbaren Erleben der göttlichen Welt. Es bedurfte dazu kein besonderes, technisches Könnens. Es galt, das Leben zu gestalten und zu erhöhen. Das **Spielerische und Erotische** standen im Gegensatz zu unserer gewohnten Arbeit, der Disziplin und dem Verzicht. Es gab dadurch eine starke **Gefühlsverbindung**. An dieser Stelle möchte ich schon hinweisen auf die Würde der Hausfrau, denn auch ein solches Fest löste sich auf, hinterließ kein Gebautes, keinerlei dingliche Spuren. Die Arbeit war Teil des Kunstwerkes, es erfolgte in ihr keine Trennung. Die Arbeit der Vorbereitung und der Ordnung nach dem Fest war ein symbolisches Tun.

DIE SPRACHE DER FORMEN

Es gibt nur ganz wenig „greifbare“ Zeugnisse dieser Kultur. Ihre Urprinzipien sind das Runde, die Spirale und der Kreis. Der Tanz war die älteste und elementarste Form der religiösen Äußerung. Daraus entstand der Kreis in den rituellen Tänzen. Daraus das Gefäß, der Krug, das Empfangende und Bergende. Der Kreis, sagt Neumann, sei die Beschwörung des großen Runden, das Gefäß das Mysterium der Bewahrung, als bergende Struktur, als Ort der Wandlung von den Früchten der Natur zu den Speisen.

Labyrinth von Chartres

Das Labyrinth ist eine ganz besondere weibliche Raumgestaltung. Es ist kein Irrgarten sondern Wandlungsweg. Nach Kerenyi stellt es den Lebensweg dar. In der Mitte des Labyrinths ist die Hälfte des Lebens erreicht und Wende und damit Wandlung ist nötig, um zurück zu kehren. In der Mitte ist ein Absterben möglich, um neu und „aktiv“ geboren zu werden. Danach kehrt man „wiedergeboren“ zurück und bringt Licht und Erkennen in die Welt hinein. Die Abbildung zeigt das Labyrinth von Chartres. Man kann es sich vergrößern und meditativ mit dem Finger den Weg nachziehen. So tat man es früher, wenn eine Reise dorthin nicht möglich war.

DIE MÄNNLICHE KRAFT

DIE FREMDHEIT DES MANNES

Für jedes Kind ist die Mutter anfangs wie eine nährende aber übermächtige Gottheit, die wärmt, lächelt und Liebe schenkt. Weil sie aber nicht immer auf die Wünsche der Neugeborenen eingehen kann, erzeugt sie im Kind erste Schuldgefühle, als habe es die Abwendung verursacht. Muss die Mutter für sich sein, entstehen weitere Ängste des Verlustes. Durch das Abstillen wächst die Enttäuschung. Neben der Liebe, Sicherheit und Wärme erfährt das kleine Wesen eine Abwendung der „Großen Mutter". Das wirkt für den Sohn besonders intensiv, weil er nicht wie die Tochter unmittelbar in der mütterlichen Geborgenheit heran wächst. So ersehnt er die Mutter und fürchtet sie zugleich. Das ist eine Situation, die seinen Einstieg ins Leber verunsichert und seine allgemeine Ungeborgenheit und Fremdheit in der Welt verstärkt.

Schon das Vorgeburtliche wirkt auf den Sohn prägend ein. Tief innerlich ist er schon weit vor der Geburt abgetrennt. Das Erstaunliche der Mensch-Werdung ist, dass er anfangs im Weiblichen, den zwei X-Chromosonen, geborgen ist. Sechs Wochen nach der Empfängnis entsteht ein männliches Wesen, wenn ein Y-Chromoson hinzu kommt.

Nach der Geburt und im Wachsen erkennt der Sohn, dass er anders ist als die Mutter, obwohl er doch Teil von ihr war. Sie sieht nicht nur anders aus, sie riecht sogar anders. Ein großer Schmerz wächst auf. Das ist der Beginn seiner Fremdheit und die spätere Not, sich zu trennen, Abschied zu nehmen vom wohlig Umfangenen des Mütterlichen. Das ist Trennen, aber auch das aufkommende Sehnen zurück in die wärmende Umhüllung. Später muss er seine eigene Identität finden, sich bewusst von der Mutter trennen und sich vereinzeln. Um Halt in der Welt zu finden, wendet er sich nach außen und den Dingen zu, später dem Beruf, den Taten, den Sachen – er wird „sachlich". So retten wir Männer uns ins Tun und „machen" und verfallen leicht der Faszination des Machens und übersehen, wie „Machen Macht macht."

Als Mann wird man nicht geboren sondern gemacht.

Damit beginnt seine künftige Not, weil Taten die Neigung haben, sich zu verselbständigen und ihr eigenes Wachstum haben, dem er als Erwachsener unterliegt. Ein Gefangensein, dessen er sich nicht bewusst ist. Früher wurde er vom weisen Mann in die Welt „eingeführt". Uns fehlt eine Entsprechung dieser Initiation, die eine Frau durch ihre Geborgenheit mit ins Leben bekommt. Die Trennung von der Urbeziehung und die Vereinzelung ist schmerzhaft, aber erzeugt eine Distanz die zur Selbst-Entdeckung und zu einer gesteigerten Bewusstseins-Bildung auffordert. Nach Erich Neumann erscheinen deshalb Ich und Bewusstsein archetypisch immer unter der Symbolik des Männlichen. Die in den Mythen beschriebenen kämpferischen Überwindungen des Drachens meint die naturhafte Seite des Unbewussten, die ihm im Selbst gegenüber tritt.

Ist er auf etwas bezogen, dann steht ihm etwas gegenüber – er ist in Distanz. Er muss sich später seiner „Fremdheit" bewusst sein, will er „ganz" werden. Distanz und Trennung sind dann nicht nur negative männliche Qualitäten. Sie sind für ihn zum Überleben wichtig. Daraus entsteht dann seine männliche Kraft: die notwendig verstärkte Bewusstwerdung. Sonst versinkt er im Unbewussten, dem verschlingenden Mütterlichem. Die Frau ist „von Natur" mit dem Unbewussten und den Urkräften der Emotionen unmittelbarer verbunden. Bereiche, die dem Mann verschlossen sind und ihn ängstigen. Zudem spürt er die „fressende Mutter", auch wenn er nicht um sie weiß. So sucht er die verlorene Einheit, sehnt sich ins Mütterliche zurück und fürchtet sich zugleich. Er unterdrückt diese Kräfte in sich und erfährt dann eine weitere Trennung, die verbunden ist mit Chaos, Zerstörung, Ungewissheit und Dunkel. So wendet er sich noch mehr den Dingen und Taten zu, verliert sich dadurch und versäumt den Zugang zu seinem Seelenraum. Ihm fehlt die ursprüngliche Lebensgewissheit. Trennt er sich vom Fühlen, dann wird das analytische Denken und die Ratio, überwiegen – das wiederum macht ihn noch einsamer. Ihm ist die Kraft des Körpers gegeben, jedoch gibt ihm sein Beruf kaum Möglichkeiten sie auszuleben. Er wendet als Ersatz seine Kraft dem Konkurenzkampf zu, dem Erfolg, dem Geld und Ansehen. Das ist ein imaginäres Leben aus zweiter Hand – und entfremdet ihn noch mehr.

Die Fremdheit des Mannes gibt dem Mann aber auch Ungebundenheit und Freiheit in der Lebensgestaltung. Er kann, so er Mut hat, seine Kraft ganz ausleben. Die wesensgemäße „Ganzheit" der Tochter und damit der Frau, erzeugt in ihm ein verstecktes, ein unbenennbares Gefühl, als Mensch weniger wert zu sein. Als sei er minder, weil er nicht eingebettet und nicht mit sich „eins" ist. Daraus aber erwächst ihm eine Herausforderung und auch Chance zugleich, die Einheit erringen zu müssen und es zu wollen: sein geistiges Streben und seine Willenskraft. Sein sich minder Fühlen macht ihn verletzbar und lässt ihn Bereiche seines Wesens und seiner Seele verschließen. Eine Zurückhaltung selbst Nahestehenden gegenüber, als müsse er sagen: „Hier, in diesem Raum will ich allein sein."

Es gibt das Geheimnis von einer Energie, die vom Vater zum Kind weiter gegeben wird. Es ist die schöpferische Energie, Dinge wie aus dem Nichts entstehen zu lassen. Fehlt diese Energie, entsteht eine Leere in der Seele des Knaben und es ein Gieren nach Lob und Belohnung. Mutterliebe haben wir. Was wir brauchen, ist Vaterliebe. Früher entstand sie mit der Initiation und hatte immer mit Härte zu tun, dem Wilden und dem Kampf. Später diente dazu das Handwerk. Wer als Junge auf dem Trecker mitfuhr und erntete, erlebte das Männliche unmittelbar jenseits von Theorie und abstraktem Wissen. Die Jungen verlieren ihre Väter in den Büros und Werkstätten, die entfernt der Wohnung sind. Rohr spricht vom Vater-Hunger, einer Entfremdung, die zerstörischer ist als die Trennung von der Mutter. „Der Sohn kann nur an den Vater glauben, wenn der Vater zuerst an sich geglaubt hat. Der Vater muss den Anfang machen."

NOT, NEID UND ANGST DES MANNES

> *„Die Unterwerfung der Natur geht einher*
> *mit der Erniedrigung der Frau."*
> Georges Devereux

Dieses Kapitel kann in einem Mann abwehrende und aggressive Reaktionen erzeugen, besonders dann, wenn er sich dem Unbewussten bisher nur wenig zugewandt hat. Unsere Frage, was denn die weibliche Kraft sei und wie sie wirken kann, bereichert, wenn wir erkennen, was den Mann einengt und was ihn am Weiblichen ängstigt. Ich weite dieses Thema weder tiefenpsychologisch, noch ethnologisch noch religionswissenschaftlich aus. Das hat Erich Neumann in seinen Studien erforscht und besonders im Buch „Die große Mutter" dargelegt. Devereux schrieb dazu in seiner Weise und Maaz durch sein Buch zum „Lilithkomplex". Es geht um die „fressende Mutter", um die zerstörenden Kräfte der „Inanna" und um das Reich des Unbewussten. Diese Urkräfte des Weiblichen in ungeformtem Ausdruck ängstigen den Mann – und dennoch muss er ihnen in sich selber begegnen, will er „ganz" werden.

DIE UNTERDRÜCKUNG DES WEIBLICHEN

> Unterdrückt wird, was Angst macht.

Die Frau ist dem Mann das, was er tief von Anfang her kennt und begehrt, aber verdrängt – die mütterliche Welt. Er ist auf der Suche nach den menschlichen Eigenschaften der Einheit, der Verschmelzung, dem wortlosen Verstanden-Werden, nach Geborgenheit, Wärme und Wohlwollen. All das verbindet er mit der „Frau". Die Ur-Symbiose zwischen Mutter und Kind war auch ihm die Erfahrung eines paradiesischen Zustandes und wird von ihm in einer Paar-Beziehung gesucht. Aber all das ist für ihn zugleich verbunden mit existenzieller Angst und Hilflosigkeit, mit dem Gefühl, ausgeliefert, allein gelassen und der Unterlegene zu sein in der Auflösung des Ich. So schwankt er zwischen Idealisierung und Abwertung, Vergöttlichung und Verteufelung, Aggressivität und Angst. Das erweckt tiefe unbewusste, nicht aussprechbare und widersprüchliche Gefühle, bis hin zum Zorn auf die nicht zu überwindende Macht des Weiblichen – und er will doch Sieger sein. Das ist scheinbar zu dramatisch dargestellt, dennoch sind diese Regungen da, weil das Unbewusste des Mannes ein ererbtes, kollektives Bild von der Frau hat.

> *„Das Unbewusste ist weiblicher Natur."*
> C.G. Jung

Die Seele ist das Weibliche im Mann. Der geistige Weg des Mannes ist es, dem Weiblichen in sich zu begegnen und es zu verwirklichen. Ins Seelenreich und in die Gefühlswelt zu gehen, bedeutet für ihn zugleich, sich in Unbekanntes und Unbewusstes einzulassen. Das ist für ihn anziehend, weil es zugleich das Reich der Mütter ist. Dort aber lebt auch die „fressende" Mutter. So ist er in ein Spannungsfeld gestellt. Er sucht die Nähe und ängstigt sich davor. Wie das Wort schon sagt, sind diese Bereiche nicht bewusst und weder mit dem Willen zu erzwingen, noch mit dem Verstand zu erreichen. Das Unbewusste und seine Wirkungen können nur erlebt werden. Dann aber verliert man jede Kontrolle, ist ausgesetzt – und das macht Angst. Der Mann unterdrückt dann die Kraft des Weiblichen nicht nur in sich. Um dem Dämonischen zu entgehen, unterdrückt er die Frau – und zugleich auch die weibliche Kraft in der Frau. Er projeziert seine Fehler und Mängel auf die Frau, die jedoch daran unschuldig ist. Werden die Urkräfte unterdrückt, sammeln sie sich und explodieren willkürlich. Das wiederum verstärkt die Angst des Mannes... und es entsteht ein Teufelskreis, denn durch die Verdrängung wachsen die Ansprüche des Unbewussten.

> *„Energie, die kein bewusstes Ziel hat, verstärkt das Unbewusste, wodurch Unsicherheit und Zweifel entstehen."*
> C.G. Jung

In Sagen und Mythen wird der Drache durch das Opfer einer schönen Jungfrau besänftigt. Sie steht für die Seele des Mannes, seine Anima, seine weibliche Seite, die von der Kraft des Unbewussten verschlungen werden kann. Held sein heißt, dennoch den Weg zu wagen. Dann erkennt und anerkennt das Dunkle ihn und er wird „ganz". Der tiefe Weg ins Dunkel gelingt nur im Gottesvertrauen und kann einhergehen bis zu einem radikalen Umbruch im Leben, sei es in der Arbeitswelt oder innerhalb der Familie und ihn fragen lassen: „Warum geschieht mir das ?"

> Der Geist braucht zur Erneuerung das Eintauchen in die dunklen Fluten des Unbewussten.

Die Angst der Frau vor ihren männlichen Kräften in sich, ist viel weniger ausgeprägt, weil sie in einer männlichen Umwelt aufwächst und lernt, diese auch männlich zu handhaben. Sie kann die Herausforderungen besser meistern. Dennoch leiden Frauen seelisch, wenn sie nicht erkannt werden in ihrer eigentlichen weiblichen Kraft. Geschweige denn, dass sie vom Mann beschützt und unterstützt werden. Dann geben sie sich männlich und verleugnen dadurch ihre wahre Kraft.

DER NEID DES MANNES

> *„Die Offenbarung, dass sie auf der Ebene des Lebens Schöpferin ist, stellt für die Frau eine religiöse Erfahrung dar, die nicht in Begriffe männlicher Erfahrung übersetzt werden kann."*
> Mircea Eliade

Die Frau ist durch ihr Mutter-Sein unmittelbar schöpferisch. Das Gebären kann für sie zu einer unmittelbaren religiösen Erfahrung werden, die dem Mann in dieser „natürlichen" Weise versagt ist. Ein verstecktes Neidgefühl kann sich im Mann regen und ein Sehnen nach Eigen-Schöpfung. Im Unsichtbaren mancher Partnerschaft wird unbewusst der Kampf geführt, wer denn der schöpferische Mensch sei. Ist es die Frau, die so sichtbar der Welt ein Geschöpf schenkt oder ist es der Mann durch seine geistigen und künstlerischen Gestaltungen? Ebenso versteckt ist der Neid des Mannes auf die große sinnliche Lust der Frau, die ich auf Seite 7179 angedeutet habe.

DIE ÄNGSTE

> *„Ich will eine Frau, in der ich wurzeln kann, die für mich die Erde ist, so dass ich aus ihr immer von neuem geboren werde."*
> James Baldwin

Der dämonische Charakter des weiblichen Prinzips ist eine Wirklichkeit, auch wenn sie dem Mann unbewusst ist. Tief innerlich weiß er um diese große unsichtbare Kraft des Weiblichen. Darum reagiert er fast kindhaft und begegnet der Frau mit einem Gefühl der Überlegenheit, die jedoch auf unsicheren Füssen steht. Der Mann nähert sich dem Weiblichen mit einer Feindseligkeit, die aus Angst geboren ist. Diese Angst vor der Dämonie ist keine unmittelbare Erfahrungs-Angst, die er individuell mit einer Frau erlebt, sondern sie ist in seiner Seele verborgen und rührt ihn aus dem kollektiven Unbewussten an. „Die Anima ist nicht eine Frau, sondern wie ein weiblicher Naturgeist. Die Angst vor der Frau und das Geheimnis der Mutterschaft sind für den Mann nachhaltig prägende Kräfte gewesen, wie die Ängste und Geheimnisse der Natur. In den Überlieferungen der Mythologie zeigen sich ihm diese zwei fremden und ihn nötigenden Kräfte: Frau und Welt." Joseph Campbell

DER ZORN DES MANNES

> Jeder Trieb treibt.

Zum Überleben braucht die Menschheit das Zeugen und das Gebären. Beides sind elementare Triebe, denen wir uns unterordnen müssen – aber es sind eben Triebe. Die Sexualität ist für den Mann eine Kraft, die antreibt und es ist unsinnig, ihn wegen seiner Freude daran zu verurteilen. Er reagiert auf jeden optischen Reiz und die Frau spielt und lockt damit. Seine sexuelle Abhängigkeit kann ihm wie ein Käfig erscheinen, an dessen Stäbe er rüttelt, wenn sein Drängen ihn unterwirft. Das Locken und Drängen könnte aber auch wie ein Tanz sich gestalten, im schöpferischen Spiel mit den Trieben.

VERSTECKTE SPANNUNGEN

Die Schwäche des Mannes ist sehr versteckt. Dort wo er am stärksten „Mann ist“, hat er die geringste Möglichkeit willentlich einzuwirken. Eine Erektion kann nicht wie eine Armbewegung vom Willen her gemacht werden. Je mehr er will, umso weniger gelingt es. Der „machende“ Mann, dort ist er machtlos. Das ist eine tiefe Ohnmacht. Er hat in dem Sinne keine Macht über sich – wohl aber die Frau über ihn. Zudem ist es die Stelle seiner größten Verletzlichkeit, auch körperlich. Er ist auf seine An-Heim-Gabe angewiesen und in seiner Manneskraft stark von seiner Gefühlswelt abhängig. Eine den ganzen Körper erfassende Lust ist ihm nicht von Natur aus gegeben. Die Lust des Mannes neigt dazu, Lust zu er-zeugen.

Relikte aus alten Zeiten wirken immer noch. Die bis jetzt andauernde patriarchalische Gesellschaftsform betonte die Vaterschaft. Das eigene Kind war für den Mann die Fortsetzung seines Ichs gewesen, gab ihm Machtgefühl und erfüllte den Wunsch, den eigenen Tod zu überdauern. Diese Bedeutung der Vaterschaft erzeugte die Unterdrückung der Frau, denn um die Gewissheit der Vaterschaft zu haben, wurde Keuschheit gefordert und die Freiheit der Frau eingeengt. Versteckt liegt darin auch der Wunsch des Mannes, der Erste und Einzige zu sein und rührt aus früherem Stammesbrauch, dass der Stärkste die Wahl hatte.

DIE WAHRE KRAFT DES MANNES

„Auch im Mann ist Mutterschaft, leibliche und geistige; sein Zeugen ist auch eine Art Gebären, und Gebären ist es, wenn er schafft aus innerster Fülle."
R.M. Rilke

Dieses Thema ist ein weites Feld, das ich nur zaghaft begehe. Es soll das Weibliche spiegeln und es dadurch sichtbarer machen. Soll aus ungewohnter Sicht mehr Verständnis für die Lebenswelt des Mannes geben, aber nicht ausufern. Das zwingt mich zu eher poetischer Andeutung statt wissenschaftlicher Wortwahl. Gerne zitiere ich darum Erkenntnisse, die ich nicht besser in Worte fassen könnte. Als Einstieg einige Zeilen aus einem Roman von James Salter: „Es hatte viele Ziele gegeben, und alle waren zu ihrer Zeit wahr gewesen. Sie lagen verstreut hinter ihm wie die Asche alter Lagerfeuer, und er hatte sich an jedem gewärmt. Man ist in einer Sache gut. Man widmet sich ihr und nach einer Weile kommt der Stolz, schlichter, unheilvoller Stolz. Man ist endlich glücklich. Man macht etwas gut. Wenn man mich also nach meinem Ziel fragt, dann ist es das. Nicht zu scheitern."

Wie in Keilschrift drückt David Deida männliche Eigenschaften aus: „Klarer Lebenszweck, absolute Präsenz. Erfüllung in der Leere des Bewusstseins, durch Verfolgen eines Zieles. Bestreben, alles auf so wenig wie möglich zu reduzieren, weil er nur in der „Nichts"-Erfahrung das finden kann, was die Welt und auch die Frau ihm nicht geben kann. Das braucht die männlichen Qualitäten der Herausforderung und des Wagemutes, in der Askese des ausschließlich am Ziel gerichteten Tuns, dessen tiefe Basis die Ich-Aufgabe ist. Darin verwirklicht sich sein absoluter Freiheitsdrang, als „göttliche" Präsenz. In seiner absoluten Freiheit, die entsteht, wenn er sich abstirbt und in Gottes Hand sich fallen lässt. Wenn er sich dem Sterben stellt. Wenn aber ein Ziel fehlt, dann ist das wie der Tod. Lieber sterben, als ohne Ziel zu sein."

In früheren Gesellschaften wurde der Jüngling durch Initiation zum Mann gemacht, angeführt vom Weisen des Dorfes. „Initiation" meint: „in etwas hineingehen". Mircea Eliade beschreibt es in seinen Worten: „Initiation ist die Begegnung mit dem Heiligen und ist wie ein ritueller Tod, dem eine Auferstehung oder Wiedergeburt folgt. Damit die alte Welt von neuem erschaffen werden kann, muss sie zuerst vernichtet werden in der Rückkehr zum „Chaos", als Ende einer Seinsweise. Die Initiation ist eines der bedeutsamsten geistigen Phänomene in der Geschichte der Menschheit. Ihr tieferer Sinn ist immer religiös und erfordert den Einsatz des ganzen Lebens."

> *„Keine Änderung ohne Not"*
> C.G. Jung

In unserer Zeit ist der Mann bis zur Mitte seines Lebens mit äußeren Herausforderungen überbeschäftigt und überbetont im Denken. Er empfindet einen seelischen Mangel, ist aber nicht durch eine geistige Kultur unterstützt, den Weg nach Innen zu gehen. Sein Leben ist so diszipliniert, dass er nicht gedrängt wird, den „Sprung in den Brunnen" zu wagen. Es sei denn Schicksalsschläge bringen ihn dazu. „Der Mann von heute braucht die Frau von morgen."
Diesen Satz wiederhole ich, abgewandelt aus dem Zitat von André Stern: „Die Frau von heute braucht den Mann von morgen." Der Mann heute steht in einem besonderen Spannungsfeld. Äußerlich ist er der Herr der Welt. Diese Welt, die ihn umgibt, ist männlich geprägt, in der er zuhause sein könnte und sich wohlfühlen. Trotz allem, lebt er ein tiefes Unbehagen. Früher sah er die Früchte seiner Arbeit. Die ursprünglichen Berufe als Bauer oder Handwerker – ein ganzes Leben lang waren die Ergebnisse seiner Arbeit handgreiflich, waren sinnlich und spürbar. Sein Tun, das Werkstück, die Sinnlichkeit und damit auch die Sinn-Haftigkeit waren miteinander verwoben und verwandt. Maschinen ersetzen jetzt die körperliche Arbeit und entfernen von ihren Ergebnissen. Die abstrakte Arbeit im Büro, deren tieferer Sinn oft nicht erkennbar ist, breitete sich aus. Früher konnte er seine Körperkraft und wohltuende Aggressivität schöpferisch ausleben. In der Gesellschaft hatte er fraglos seinen Platz. Jetzt aber lebt er abhängig, verdingt seine Zeit und seine Kraft gegen Geld. Das Netz der Versicherungen wiegt ihn in scheinbarer Sicherheit. Sein „Kampf" geht mehr um Erfolg und um Ansehen. Maßstab ist: „immer mehr und immer schneller." Diese Beschreibung ließe sich ausweiten, möge aber genügen, um die Atmosphäre zu beschreiben.

„Der wahre männliche Weg ist eine riskante Reise, bei der man sich nur noch auf Gott verlassen kann“
Richard Rohr

Ich habe schon die Weltveränderung durch den Mann und die Technik beschrieben. Er hat sie selber geschaffen, aber sie mindert jetzt seine Lebensfreude und schwächt ihn. Das Unbehagen an seinen eingegrenzten Möglichkeiten reicht nicht aus, für den Sprung ins Ungewisse. So paradox es klingt, ihm fehlt die Not, um in dieser von ihm gestalteten Welt etwas zu wagen und seine Angst zu überwinden.

Angst und Mut sind eines. Mut ohne Angst ist kein Mut.

Mit der wachsenden Technik und ihrer den Menschen übermachtenden Eigenentwicklung, entdeckten wir zugleich, dass wir zur Ganzwerdung aufgefordert sind – als Mann auch die weiblichen Anteile in sich zu verwirklichen und als Frau die männlichen. Das ist uns erst seit fast hundert Jahren bewusst und verstärkt durch die Forschungen von C.G. Jung. Der Mann ist dabei auf sich selbst zurück geworfen, denn der tragende Lebensgrund durch einen Gottesbezug fehlt ihm. Gleichzeitig lebt er in einer Welt des Umbruches und eines erweiterten Bewusstseins. Durch die nun verfügbare Freizeit ist die Freiheit gegeben, sich dem eigenen Seelenraum zuzuwenden – und die Seele „klopft“ immer wieder an.

Ganz zu werden, heißt jetzt für ihn, das Weibliche in sich zu erkennen und anzunehmen, indem er wagt, ins Unbewusste sich einzulassen. Das aber macht Angst, denn dort findet er keine Orientierung. Wenn ein Mann es wagt, tief ins Unbewusste einzudringen, steht ihm oft ein weibliches Wesen nah, das selber schmerzvoll erlebte, in den eigenen Urgrund zu schauen und hinein zu gehen. In der Mythologie finden wir Ähnliches bei Ariadne wieder, die dem Königssohn Theseus einen Faden ins Labyrinth mitgibt, auf dass er nach seiner Wandlung zurückfinde in diese unsere Wirklichkeit. In vielen Kulturen ist das Bild des Fadens mit dem Lebensschicksal verbunden, bis hin zum Ausdruck der Seelenverwandtschaft. Wenn der Mann es wagt, sich den diffusen Kräften des Unbewussten zu nähern und Stand hält, ermutigt er zudem die Frau. wenn er seiner inneren Stimme gehorcht und seinen Weg geht, dann wird der Mann der Frau bedeutsamer.

„Die Seele des Mannes ist Gott gegenüber weiblich."
C.G. Jung

Die Frau gibt als Mutter das Leben, der Gegenpol ist das „Absterben" des Mannes. Darin verborgen liegt sein Sehnen nach der Grenzerfahrung. Er sucht Gefahren. Die „Formel-Eins-Rennen" haben ihre Wurzeln auch im Todes-Sehnen. Der Held von heute erklimmt nicht mehr einen Achttausender oder entdeckt den Südpol, sondern wagt in die Tiefe seines Abgrundes zu gehen. Sein Wesen ist für diesen Weg vorbereitet, denn sein Weg ist die klare Ausrichtung auf ein Ziel – den Sinn seines Lebens zu erfüllen, unerschütterlich und absolut. Dieser Drang will über das Irdische hinaus wirken. Das unausgesprochene Ziel ist der Tod als absolute Grenzüberschreitung. Da findet sich Anklang zur beschriebenen „Initiation". Das ist die Leere, das Loslassen von Allem, die Askese, die Entleerung im „kleinen Tod". Weil er die Todesnähe der Geburt nicht kennt, ist er todesarm und begibt sich in die extremen Situationen, um Grenz-Erfahrungen des Seins zu erleben. Männliche Energie hängt mit Einsamkeit und Alleinsein zusammen.

„Die Veredelung der Seele des Mannes erfolgt durch die Erweckung seiner weiblichen Seite"
Gudrun Burkhard

Er ist immer zwischen zwei Seinsweisen gespannt: Tun oder Geschenlassen, Warten oder Eingreifen, Chaos oder Ordnen... das ist wie eine Wunde. Wenn er diese seine Wunde offen hält, lebt er Teilhabe am Leiden und den Schmerzen der Frau. In dieser Radikalität des Weges wird er von der Frau als Mann mehr gesehen und gewürdigt. Diese Weise, ein Mann zu sein, regt die Seins-Hingabe der Frau an und gibt ihr Halt. Wenn er es wagt, ins Unbewusste zu gehen, dann antwortet daraus seine Schöpferkraft, weil das Dunkel von ihm erkannt und gewürdigt wird. Als Mann ist er der verwirklichende Mensch. Das begann im Roden des Waldes, um Nahrung und

Heimat zu schaffe. Es ist dennoch ein Eingriff, der auch das Gefühl von Schuld erzeugen kann. Besonders dann, wenn sich seine Taten verselbständigen. Er spürt, dass seine Einseitigkeit unsere Welt zum Nachteil verändert hat und er jetzt aufgefordert ist, in Verantwortung zu gehen.

Die Frau ist die Fülle, der Mann die Askese.

Die wahre Kraft des Mannes ist sein Mut, trotz seiner Angst, die Schwellen dennoch zu überschreiten. Weil er nicht wie die Frau unmittelbar schöpferisch ist, fühlt er sich im Schöpfungszwang. Schöpfen aber ist, Gefäß zu sein und leer zu sein, um aus dem Göttlichen zu schöpfen. Weil das Helden-Ideal „entschwunden" ist, geht es ums innere Heldentum, den Abstieg ins eigene Dunkel. Die Frau kann ihren Wert aus sich selbst heraus wahrnehmen, der Mann nur aus seinen Taten. Er ist der Pionier, der die Welt handhabt und urbar macht. Aus dem Machen erwuchs die Technik und damit das Erb-Übel des männlichen Eingriffes. Er ist schuldig geworden. Weil er die Welt veränderte und schuldig wurde, muss er die Schuld akzeptieren und sich aus ihr heraus dem eigenen Weiblichen in sich hinwenden. Wenn der Mann nicht den Mut hat zu verletzen, sich zu verwunden, ist er nicht Mann. Mann sein heißt schuldig zu werden. Heißt „die Wunde" zu erzeugen und zu ertragen. Ist er ganz Mann, wird er die Welt nicht mehr verletzten.

Durch seinen Mut, die Schwelle zu überschreiten, bringt er Licht in die Dunkelheit des Unbewussten und dient dadurch der Frau. Weil die Frau vom Ursprung her in sich zu Hause ist und der Mann „frei" schwebend, ist er dann wertvoll für die Frau, wenn er seiner Kraft eine Richtung gibt und in männlicher Hingabe sich seiner äußeren Lebensaufgabe und Lebensfreude zuwendet. Dann kann sie das Männliche in sich wagen und sich mehr ins eigene Männliche einlassen. Sie bekommt dann Orientierung, falls das Unbewusste zu stark für sie wird.

Durch seine Fremdheit, die ich oben beschrieb, ist er auch frei und ungebunden. Er muss die Welt erfassen, muss die Dinge anfassen, um sich darin zurecht zu finden. Dieses Erfassen der ihm fremden Welt ist auch ein Spielen. Er ist der Spielerische – in der Begegnung und Bewegung mit den Dingen, im Auseinander-Nehmen im Forschen und neu Fügen. C.G. Jung spricht von vergangenen Zeiten, in denen die Männer noch Zeit zu allerlei Kurzweil hatten, „jetzt aber so hohe Anforderungen des Lebens haben, dass sie mehr die Bequemlichkeit lieben als Duelle." Die viele freie Zeit ist ihm jetzt ohne Sinngebung. Stress in der Arbeit stellt erhöhte Ansprüche an die Freizeit und wird zum Zwang statt zur Freiheit. Medien erzeugen dagegen ein Leben aus zweiter Hand, das nur um sich kreist – zur Erhaltung von Leben und um Sicherheit.

FOLGERUNGEN

DIE MUTTERLOSE TOCHTER UND DER VATERLOSE SOHN

„Man wird nicht erleuchtet, indem man sich lichtvolle Gestalten vorstellt, sondern indem man das Dunkel bewusst macht."
C.G. Jung

DIE FEHLENDE MUTTER

Ein Blick zurück in die Vergangenheit macht deutlich, wie herausfordernd die Lebensbedingungen waren. Es ist noch nicht lange her, da gebar eine Frau fast jährlich ein Kind. Man lebte auf engem Raum. Viele Krankheiten mussten ausgehalten werden. Geld war rar und wurde durch lange, mühevolle Arbeit erworben, an zehn Stunden jeden Tag – außer Sonntags, aber dann war Kirchgang auferlegt. Heizmaterial musste beschafft, das Feuer im Herd entfacht und gehütet werden, Weben, Spinnen, Stricken, Flicken im Kerzenlicht in den langen, dunklen Abenden des Winters. Es gab wenig Schönheit im Leben, kaum Muße, keinen Raum, um sich zurückzuziehen.

Da war weder Raum noch Zeit, um sich als Individuum zu entwickeln. Die geistigen Übergänge im uns jetzt vertrauten Lebenslauf erfolgten ohne seelische Vorbereitung. Alles war „plötzlich" da. Die Frau stand an Abgründen, ohne sich dessen bewusst zu sein. Das eigentlich Weibliche wurde nicht als Wert erkannt, nicht entwickelt und nicht gewürdigt. Die Frau passte sich ans männliche Tun an. So wurden aus den Töchtern keine wahren, frei sich entwickelnde Frauen und konnten als Mutter später ihren Kindern kein Vorbild, keine Heimstatt des Weiblichen sein. Es gab für sie keine Vorbilder, wie es der Held den Söhnen war. Die tragende Kulturtat der Erziehung und die Kunst des Haushaltes wurden nicht in ihrem Wert erkannt. Die „Hausfrau" und die Hausarbeit waren ohne die ihnen zustehende Würde. Es braucht sogar in unserer Zeit viel Selbstvertrauen, sich als Hausfrau zu bekennen. Es muss etwas grundlegend Neues entstehen, um alte, von den Müttern geprägte Ideale aufzuheben und um eine ureigene weibliche Kraft zu entwickeln. Unsere heutigen Lebensformen ermöglichen uns jetzt neue Wege.

> *„Es wäre zuerst ein Zurück zum Geist des Leibes,*
> *zu der Sprache der unzugänglichen Tiefen im Schoß und Grab,*
> *zum Ur-Weiblichen. Wo Schönheit und Hässlichkeit zugleich bestehen.*
> *Nackt vor den Augen des Todes"*
> Sylvia Perera

Sowohl für den Mann wie auch für die Frau ist der Gang in die eigene Tiefe zur Ganzwerdung unumgänglich. Wir kommen aus dem Dunkel des Mutterbauches ins Licht. Der Weg ins Dunkel des Unbewussten ist auch das Sehnen nach dem „Inneren Licht". Schon das Alte Testament verweist in Genesis I,5 darauf, wenn es heißt: „... und so wurde aus Abend und Morgen der nächste Tag." Denn das Licht kommt aus der Dunkelheit. Vielleicht ist das auch ein Grund, dass Geburten öfter am Morgen geschehen. Um wahre Mütter und wahre Väter unseren Töchtern und Söhnen zu werden, müssen wir ihnen den Weg zeigen und ihn ebnen, indem wir selber den Schritt ins Dunkel wagen. Wir übersehen gerne, dass „Leben" an sich nur am Erhalt der Gattung, nicht aber am Individuum interessiert ist. Darum ist der Weg in den Urgrund des Lebens immer der Weg des einzelnen Menschen, ganz Individuum, ganz unverwechselbare Persönlichkeit zu werden. Auch wenn der Weg nicht gelingt, unser Mut ihn zu gehen, wird ermutigen.

Ein Neugeborenes ist schutzlos, weil der Mensch ein „zu früh geborenes" Wesen ist. In den ersten Jahren ist er gänzlich abhängig von der Mutter. Das wirkt tief auf die Seele des kleinen Wesens ein. Aber je geborgener man sich von der Mutter fühlt, umso erschreckender die Furcht vor ihrer Abwendung. Jede „gute Mutter" wird dann zur „furchtbaren Mutter". Die Mutter ist dann die All-Mächtige, die große Göttin und Ihre Macht erzeugt Himmel und Hölle. Die Reaktion ist, sich noch inniger mit der Mutter zu verbinden bis hin zur Verschmelzung und ihr alles recht zu machen, damit sie bleibt, nicht zürnt und nichts Schlimmes geschieht. Man geht in eine Symbiose, aber bleibt in innerlicher Panik. Wenn die Mutter sich keine Grenzen setzt, wird sie zum übermächtigen Schicksal. Auch die noch so „gute" Mutter enttäuscht, weil sie sich abwenden muss, um ihr eigenes Leben wieder zu leben – nicht nur weil sie das Stillen absetzt. Die Enttäuschungen durch die Mutter sind so intensiv, weil sie von Anfang an und über lange Zeit mit dem neugeborenem Wesen verbunden ist. Erst später und wenn das Kind schon gehend den Raum ergreifen kann, wirkt der Vater ein. Er muss in seiner dann nötigen Strenge, dem stürmischen Kind erste Grenzen setzen.

DER FEHLENDE VATER

Viele Väter sind nur alt gewordene Söhne.

Der harte Existenzkampf unserer Vorfahren brachte es mit sich, dass die Söhne schon im frühen Alter streng mitarbeiten mussten. Leben und Überleben war die Maxime. Körperkraft und Wille, Mut und Durchhalten waren gefordert. Das prägte früher den Sohn. Für seine geistige und seelische Entwicklung aber war nur wenig Raum gegeben. In der wichtigen ersten Zeit lebt der Sohn in umfassender Nähe zur Mutter. Das ihm ähnliche Wesen ist der Vater – der aber ist ihm „fremd" und auch selten da. Später ist der Vater nicht gegenwärtig, weil er außerhalb des Hauses tätig ist. Ist er aber daheim, ist er innerlich selten anwesend, sei es aus Müdigkeit oder weil er vom eigenem Vater nicht gelernt hat, seine Gefühle zu äußern. Eine Frau ist durch Gebären und Nähren unmittelbar mütterlich. Der Mann verfügt nicht über einen väterlichen Instinkt. Er ist von seinem Wesen her nicht väterlich. Für den Sohn ist Vater der Fremde, das erste Nicht-Ich. Das schafft schon früh ein Gefühl von Distanz. Der Vater muss dem Sohn sogar in seinem männlichen Bewegungsdrang klare Grenzen setzen. Das schafft Enttäuschungen und trennt.

Das Leben des Mannes ist Vereinzelung.

In den Jugendjahren des Sohnes ist der Vater vorrangig mit der Existenz-Erhaltung der Familie beschäftigt. Wenn der Sohn schon fast erwachsen ist, befindet sich der Vater in der Mitte seines Lebens und oft in der Krise seines eigenen geistig-seelischen Weges. Dann ist er nicht ausreichend in der Lage, seinen Sohn zu führen. Der Vater kann dem Sohn zudem nicht auf der Gefühlsebene begegnen, weil er selber nicht die Geborgenheit und damit den

Raum zur Seelenqualität und die Initiation zum Mann erlebt hat. So entsteht für das beginnende Erwachsen-Werden eine große, immer offene Wunde – der fehlende Vater. In unserer Kultur gab es ursprünglich den Paten, der durchs Leben führen sollte. Das war damals ein älterer Mann, der durch seine Lebenserfahrung wissend und abgeklärt war. Er war nicht mehr wie der Vater in den Wirrnissen der eigenen inneren Prozesse befangen. Welch Gnade war es doch, als der Großvater durch seine seelische Ausgeglichenheit und seinen Humor den Jüngling führen konnte. Dank des Jugend-Wahns unserer Zeit ist seine Würde und seine Weisheit nicht mehr gefragt. Dabei meint doch unser Wort „Enkel", er sei der „wiedergeborene Großvater" – so steht es wörtlich im „Duden".

Die Liebe des Vaters ist ein ganz besonderes Geschenk. Wenn ein Vater sein Kind liebt, so geschieht diese Liebe aus freier Hinwendung. Eine Liebe, die ohne die ursprüngliche und körperliche Einheit ist, wie sie durch die Mutter erfahren wurde. Weil sie aus der Freiheit heraus entsteht, gibt die Vater-Liebe dem Kind ein besonders großes Selbst-Vertrauen und dem Sohn hohen Mut zum Risiko.

> Man wird als Kind geboren, danach wird man zum Mann.
> Man ist nicht Mann, man wird zum Mann.

Dagegen steht der „furchtbare" Vater. Er übermachtet durch „kaltes" Recht und strenge Ordnung. In starrer Disziplin ist er verbohrt, fixiert, unbeweglich und lebt veraltetes Bewusstsein. Einen „humorigen" Vater kennt ein Sohn dann nicht. Der aber könnte der „furchtbaren" Mutter die nötigen Grenzen setzen, weil ein Sohn die „verschlingende" Mutter unmittelbarer und ungeschützter als die Tochter erlebt.

Haus als Schutz
Wärme geben statt pure Ästhetik
Würdigung der Hausfrau
Rückzug in eigenen Raum und eigene Zeit

WEGE ZU EINER SYNTHESE

„Ohne das Erlebnis der Gegensätzlichkeit gibt es keine Erfahrung der Ganzheit. Ein Sein ohne Gegensätzliches ist undenkbar."
C.G. Jung

Bei Leonardo fand ich einen Satz, der am besten umschreibt, was mir als gelebte Synthese vorschwebt. Als Maler spricht er von den Dingen und vom „Nichts" und meint den Raum zwischen den Dingen. Ich finde seine Darlegung vom Nichts nicht nur poetisch, sondern auch wundersam passend zur Beziehung zwischen den Menschen.

„Unter den großen Dingen, die uns umgeben,
ist die Existenz des Nichts das größte"
Leonardo da Vinci

Das erweitert Joachim Schumacher: „Es ist das Nichts eine undingliche Grenze, die einem jeden Ding sein Selbstsein gibt. Das Nichts trennt die Dinge und macht ihre Identität möglich. Wie oft rücken wir zwei Dinge anders zu einander, bis das Nichts dazwischen für beide stimmt."

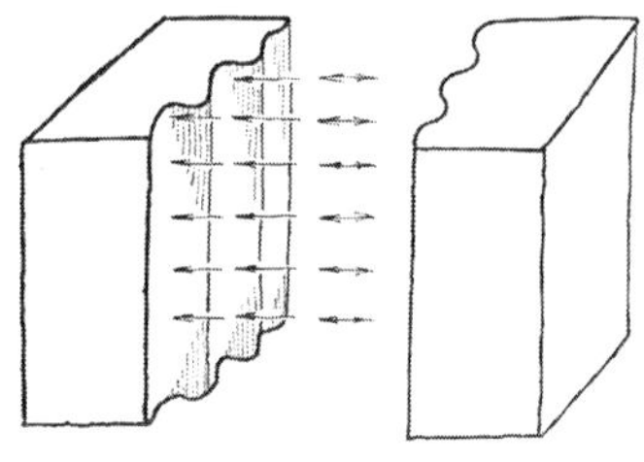

Der Zwischenraum

DIE GEGENSÄTZE

Bauen und Wohnen ist Raum schaffen für ein gemeinsames Leben – als Paar, als Familie oder als Gemeinschaft. Raum miteinander zu teilen ist sehr herausfordernd. Alle modernen Umwälzungen haben es mit sich gebracht, dass auch die Geschlechter-Rollen ihre Eindeutigkeit, Ruhe und Sicherheit verloren haben. Die Merkmale der Geschlechter haben sich vermischt. Daraus entstandenen Ängste und Verwirrungen, die im Mann wie in der Frau tiefe Missverständnisse und Aggressionen gegen das andere Geschlecht erzeugten. Auf den Seiten 11 und 12 habe ich handschriftlich das Gegensätzliche hervorgehoben. Sogar das Bundesverfassungsgericht formuliert die Unterschiede:„Schon die körperliche Bildung der Geschlechtsorgane weist für den Mann auf eine mehr drängende und fordernde, für die Frau auf eine mehr hinnehmende und zur Hingabe bereite Funktion hin."

Gegensätze zeigen sich schon in den oft zitierten Symbolen von Mars und Venus.

Die Venus ist der Erde und dem Unbewussten zugewandt. Der Mars strebt über das Irdische hinaus gen Himmel. Das spiegelt sich sogar in unserer Sprache. Es enden die Vornamen der Mädchen meistens mit einem Vokal, die der Knaben mit einem Konsonanten. Die Vokale bergen in sich die Ruhe, sind Hingabe und öffnende Geste. Die Konsonanten setzen eher Grenzen, schaffen Schwellen und drücken eine Bewegung aus.

> *„Die Frau will den Menschen, der Mann die Welt verändern."*
> M.L. von Franz

In beiden Richtungen kann man sich verlieren. Der Mann kann sich zu sehr entäußern und seine Kraft zerstreuen. Die Frau kann in sich, in dem Unbewussten versinken und dabei ihre Kraft zu stark verdichten.

Der **Wandel** ist ein **Merkmal des Weiblichen**, verbunden mit dem Gehorchen auf die innere Stimme. Das kann dem Ordnungsprinzip des Männlichen völlig widersprechen und herausfordern, wenn Gemeinsames vorgesehen ist. Eine Frau ist ihrer inneren Wahrheit verpflichtet und projiziert ihre subjektive Wahrnehmung des Lebens auf die äußere Welt. Es begrenzt sie dann zu großes Liebesbedürfnis, Abhängigkeit, Schutzsuche, vorgefasste Meinungen und zu große Anwendung der männlichen Logik. Für die Frau bedeutet es, ihren männlichen Anteil lebendig zu machen in Tat- und Initiativkraft, Ordnung, klaren Gedanken, dabei eigene Gefühle zu objektivieren.

> *„In der Umgebung einer Frau, die mit sich selbst in der richtigen Beziehung ist, weil sie etwas hat von der Göttlichen Mutter, die das Korn wachsen lasst, blühen die Menschen."*
> M.L. von Franz

Das Männliche ist eingegrenzt, wenn der Mann zu einseitig lebt durch: Drängen, Ordnung, Struktur, Sprechen, Wollen, Körperkraft, Planen, Machen, Formulieren, Überzeugen, Ziele setzen. Er darf in sich verwirklichen: Pflegen, Empfangen, Warten, Wiederholen, Nachgeben, Dulden. Sich öffnen und gewähren lassen, in der eigenen Mitte sein, sich berühren lassen, ganz sein im Leib und Teil der Natur, zeitlos und ganz gegenwärtig sein. Dienen, empfinden und ahnen.

DAS UNVEREINBARE

> *„... die menschlichere Liebe, die unendlich rücksichtsvoll und leise, und gut und klar in Binden und Lösen sich vollziehen wird... der Liebe, die darin besteht, dass zwei Einsamkeiten einander schützen, grenzen und grüßen."*
> R.M. Rilke

Vereinzelt zu sein, erzeugt Einsamkeit. Frau und Mann ersehnen, unmittelbar im „Du" eins zu sein und überfordern dadurch das gemeinsame Leben und Wohnen. Das „Du" kann die Einsamkeit nicht aufheben. Nur das Eins-Sein in sich selbst befreit von diesem Sehnen. Wir dürfen erkennen und anerkennen, dass Frau und Mann einander äusserst fremd sind und sie sich nur mühevoll verstehen können. Die Gegensätze sind nur vereinbar im Wechsel alles Geschehens, im Rhythmus und in der Aufeinanderfolge aller Bewegung, selten im Zugleich. Wie im Tanz, im Führen und Geführtwerden, wie im Atmen, im Aufnehmen und Loslassen. Nicht in der An-Gleichung sondern im „sowohl als auch“ gelingt das Du, im Werden und Sein, in Nähe und in Distanz.

> *„Selbstfindung und Urbeziehung des Weiblichen geben eine natürliche Ganzheit und Geschlossenheit, die dem Männlichen abgeht.“*
> Erich Neumann

Die Gegensätze sind in einer Beziehung lebendig und lebbar, wenn sie auch im Individuum gelebt werden. Wenn der Mann das Weibliche, die Frau das Männliche in sich verbindet. Das Unvereinbare in sich zu wagen, ist ein Weg der Ganzwerdung und damit heilend. Geht man diesen Weg auf sich zu, dann antwortet ein Urvertrauen, das in jedem Menschen der Widerhall einer höheren Ordnung ist – der Widerhall des Göttlichen.

Weil die westliche Zivilisation vorrangig männlich und nach außen gerichtet ist, wird der Lebensraum des Weiblichen begrenzt, sei es im Mann oder der Frau. Passt sich die Frau dem männlichen Verhalten an, wird ihre ursprüngliche Lebensintensität gemindert. Wenn dann männliches Tun ihre Weiblichkeit einengt, entfernt sich noch mehr von ihrer eigentlichen Natur. Das wiederum erschwert dem Mann, seine weibliche Seite zu wagen. Wenn die Frau nicht ihren weiblichen Weg geht, kann sie den Mann nicht unterstützen, seine weiblichen Seiten zu erringen.

DIE VERBUNDENHEIT

„Vielleicht sind die Geschlechter verwandter, als man meint,
und die große Erneuerung der Welt wird vielleicht darin bestehen,
dass Mann und Frau sich nicht als Gegensätze suchen werden,
sondern als Geschwister und Nachbarn und sich zusammentun werden
als Menschen, um einfach, ernst und geduldig das schwere Geschlecht,
das ihnen auferlegt ist, gemeinsam zu tragen."
R.M. Rilke

Im Anfang hatten Mann und Weib einen Körper, aber zwei Gesichter. Gott hat sie getrennt, indem er jedem einen Rücken gab. Das ist ein alter Bibeltext. Auch nach Platon war der Mensch ursprünglich androgyn, ein Wesen das mit dem Rücken aneinander verwachsen ist. Durch die Trennung sind wir nun offenen Rückens und damit dem Unbewussten zugänglicher und haben zugleich ein gemeinsames Unbewusstes.

Wenn ich auf einer Brücke stehe und in ruhendes Wasser zwei Steine zugleich werfe, entsteht ein eigenartiges Bild. Es bilden sich nebeneinander zwei Kreise, die sich immer weiter ausdehnen bis sie sich zum Schluss zu einem großen Kreis vereinen mit einem gemeinsamen Mittelpunkt.

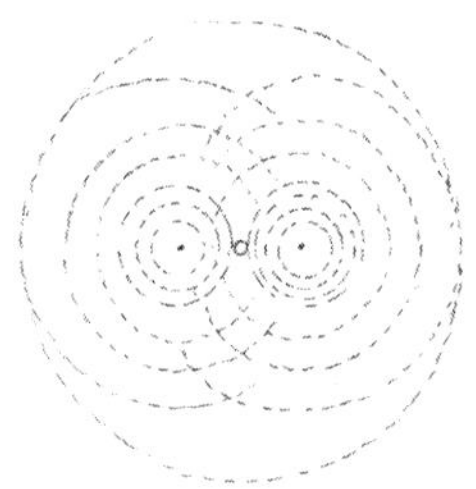

Zwei Kreise

SYNTHESE IM INDIVIDUUM

Es gilt, Sein und Werden, Frau und Mann, Dionysos und Apollon in sich zu vereinen. Zuerst das Rauschhafte, dann das männliche Verwirklichen. Es lebt in uns das Ur-Sehnen, alles zu werden, was der Mensch werden „kann". Um das im Du zu verwirklichen, braucht es die Einübung bei sich selber. Die auf den Seiten 11 und 12 handschriftlich aufgeführten Gegensätze können im Alltag in verschiedener Weise gelebt werden. Dabei ist das „und", die Gleichzeitigkeit, daran wesentlich. Das ist Sein und Werden zugleich. Dieser Weg ist in sich selbst rund und lustvoll. Wie Pflanze und Tier in sich vollkommen sind, so ist es der Mensch, wenn er „auf dem Weg" ist.

> *„Dabei ist ein Mensch wie eine Eichel, die drängt Eiche zu werden."*
> Abraham Maslow

Nach Steiner braucht unsere neue Bewusstseins-Ebene viele Individualitäten. Die Globalisierung fordert wie in einer Gegenbewegung jetzt die mögliche und intensive Individuation heraus. Individuum meint den Menschen als Einzelwesen, vom Wort her bedeutet es „das Unteilbare". Individuation ist eine existentielle Not-Wendigkeit geworden. Das braucht:

Schutz
Familie
Kultur
Das Haus als Tempel

SYNTHESE IM DU

Synthese heißt nicht, jeweils das Männliche oder das Weibliche aufzugeben, sondern die gemeinsame Kraft zu leben. Wie im Tanz, das Trennen und Verbinden. Synthese ist Tanz, Wechsel zwischen dem Gegensätzlichen. Eine Synthese gelingt nur auf spiritueller Ebene. Darunter sind es nur Handhabungen, die durch Regeln gefestigt sind. Es muss die Eigenart des Männlichen und Weiblichen herausgearbeitet werden, ohne durch ein Streben nach

Vollkommenheit sich zu überfordern. Dieser Überforderung unterliegt oft der Mann. Es geht um den gemeinsamen Weg, indem die Frau auch das Irrationale und Zerstörerische in sich anerkennt und darin die Führung des Mannes akzeptiert. Der Mann anerkennt seine Einseitigkeit und vertraut auf die Frau.

Bildlich zeigt sich mir die Synthese im Tao-Symbol. Seine Entstehung möchte ich darstellen.

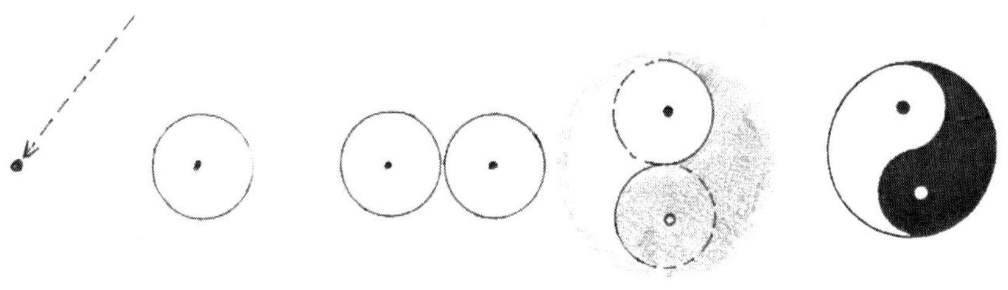

Das Tao-Symbol

Der Punkt ist die Sichtbarmachung eines kosmischen Impulses. Er ist die geistige Geburt eines Wesens, das sich im Wachstums-Impuls zum Kreis weitet und zum Individuum wird. Der Kreis ist Zeichen der Einheit. Dazu gesellt sich ein ebenbürtiges zweites Wesen. Sie berühren sich und eine neue, größere Einheit entsteht. Ein neues, ein drittes übergeordnetes Wesen ist geboren. In ihm gibt es eine innere gemeinsame Grenze. Wird diese hervor gehoben, entsteht das Tao-Symbol. Die jeweiligen Punkte symbolisieren die „Mitte" der zwei Einzel-Wesen. Dort sind sie durchlässig und wirken wie eine Leben schenkende Öffnung. Durch diese Offenheit verbindet sich die männliche mit der weiblichen Qualität und umgekehrt. Es entsteht eine höhere Dimension – eine nun räumliche, nicht sichtbare Gestalt. Im Tao-Symbol ist die trennende und die verbindende Linie eine Schwingungskurve und damit auch Zeichen der Lebensenergie.

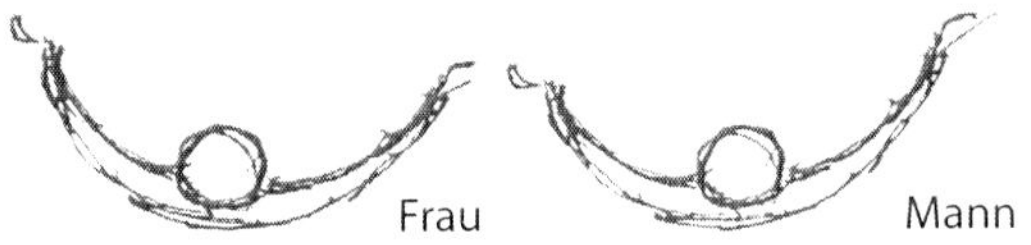

Die Geste eines Paares

Eine andere, schöne Weise der energetischen Gemeinsamkeit gibt diese Abbildung. Die Frau steht links vom Mann und empfängt mit der linken Hand das Geschenk des Himmels. Wendet im Herzen das Geschenkte und gibt an den Mann weiter. Er empfängt, wandelt ebenfalls im Herzen, verwirklicht mit der Rechten und gibt in die Welt hinein. Geht er mit dem empfangenen Impuls voran und die Frau folgt, so folgt sie in „Wirklichkeit" ihrem Impuls. Es ist radiästhetisch messbar, dass die energetische Wirkung dieser Stellung höher ist, als in der traditionellen Weise, wenn der Mann links von der Frau steht. Das möge man als Paar für sich erspüren, besonders im gemeinsamen Spazieren.

Dieses gemeinsame Wirken kann auch anders ausgedrückt werden. Die Frau ist der Urgrund des zu Schaffenden. Sie ist als Gebärende die Schöpferin an sich, jedoch gebunden in ungeformter Kraft, ist Fülle und deren Chaos. Die schöpferische Kraft des Mannes ist das Form – Gebende, das Geistige, das Asketische. Jedoch nur, wenn er angeschlossen ist an seinen eigenen Urgrund und in die Tiefe geht. Dann wird weder das irrationale Fühlen des Weiblichen noch das erstarrende Formgeben des Männlichen einseitig übermachten. Der Mann akzeptiert, dass er von der Urkraft des Weiblichen bedingt ist und das Chaotische dazu gehört. Die Frau akzeptiert, dass die männliche Qualität die Form gibt und dadurch die drängende Kraft dem Leben dienlich macht. In diesem Wechselspiel wachsen beide. Das Weibliche braucht die Formgebung, um sich wahrzunehmen. Das Männliche braucht den Urstoff des Unbewussten, um wirken zu können, um Form zu geben. Es ist die Ehe von Fülle und Form. Dann entfällt der unbewusst geführte Machtkampf der Geschlechter, wer denn der schöpferische Mensch sei, der Mann oder die Frau. Unmittelbar sichtbar ist es die Frau, die gebärt und damit neues Leben kreiert. Die Schöpferkraft des Mannes wird erkennbar in den Formgebungen.

Im Kapitel zum Matriarchat steht der Hinweis zum wahren Gesamt-Kunstwerk. Wenn der einzelne Mensch sich ganz gibt und im gemeinsamen Geschehen aufgeht, ist er Teil des Kunstwerkes und zugleich der „Genießende" des Kunstwerkes. In den Tänzen haben die Frauen die Männer verlockt. Es wurde die männliche und weibliche Kraft gelebt, nicht unterdrückt, sondern ausgelebt und durch den Tanz ritualisiert. Mann und Frau sind als Einheit gedacht und das Paar-Sein als Weg. Früher zog man sich allein zurück in die „Wüste" und suchte Gott unmittelbar. Jetzt – in dieser neuen Zeit der möglichen Individuation – ist der Weg zu Gott im DU gelegen. Mozarts Oper „Die Zauberflöte" bringt es zum Klingen. Im Du sieht der Andere sich. Sich selber sieht er nie so unmittelbar, selbst im Spiegel sehen wir uns seitenverkehrt. Auch unsere Rücken, wo das Geheimnis und das Unbewusste ruht, sehen wir nicht. Nie sieht ein Mensch sich selber „ganz". Noch einmal zitiere ich den Ariadnefaden. Der Mann wagt den Weg ins Unbekannte, die Begegnung mit dem fressenden Ungeheuer. Er geht bildlich gesprochen ins Unbewusste. Dadurch „rettet" er die Frau. Seinen Weg zurück findet er nur durch den Faden, den Ariadne ihm in die Hand gab. Das ist die Lenkung des Weges, die eine Frau geben kann. Er rettet und wird gerettet. Ein Beispiel gegenseitiger Unterstützung auf dem geistigen Weg.

Victor Hugo hat das in der herzigen Sprache seiner Zeit ausgedruckt: „Gott machte für den Mann einen Thron, für die Frau einen Altar. Der Mann ist das Gehirn, die Frau das Herz. Das Gehirn erzeugt das Licht, das Herz die Liebe. Das Licht befruchtet, die Liebe erweckt. Der Mann ist ein Tempel, die Frau ein Heiligtum. Der Mann ist der Adler, der fliegt, die Frau die Nachtigall, die singt. Fliegen heißt den Raum beherrschen, singen heißt, die Seele erobern. Kurz, der Mann steht, wo die Erde endet, die Frau, wo der Himmel beginnt."

DIE WIRKUNGEN DER ZEIT

„Das größte Unheil unserer Zeit, die nichts reif werden lässt..."
Goethe 1824

In zweierlei Weisen sind wir hier auf Erden: **im Raum und in der Zeit**. In meiner Schau ist der Raum, das Schaffen eines Raumes, männlicher Natur und wird zu sehr betont. Was im Raum geschieht und damit der Zeit zugehört, möchte ich weiblich nennen und im folgenden mehr würdigen. In diesem Kapitel gebe ich Anregungen zum Planen, Bauen und Wohnen und hebe die besonderen Qualitäten der Zeit hervorgehoben, die umgesetzt sein wollen. Es ist nahe liegend, den Zeit-Erfahrungen der Frau künftig mehr Würde zu geben, denn Zeit zeugt das Geschehen im Raum.

Zeit ist nicht fassbar.
Zeit ist ein Inneres.
Zeit ist in uns, der Raum umgibt uns.

Der Mensch hat neben seinem Körperraum auch einen Zeiten-Leib, der begrenzt ist zwischen Geburt und Tod. Jeder Mensch hat damit eine vorbestimmte Zeitausdehnung. Wir bewegen uns mit unserer physischen Existenz durch diesen Zeiten-Leib. Die Verschiedenheit vom Raum als männliche Präsens und der Zeit als die weibliche Seinsweise, klingt in den folgenden Worten an, aber auch ihre Verbundenheit bis hin zum Wortspiel des „Zeitraumes".

Raum und Ding sind bedingungslos. Wo Raum und Ding sind, kann nicht auch anderer Raum sein. Zeit dagegen erleben wir alle, unabhängig von Grenzen, Sprache, Alter oder Geschlecht. Zeit ist zugleich und über allem. Jeder Bau dagegen ist starr und unbewegt, Zeit aber ist fließend. Die geistige Entwicklung eines Menschen ist ein Weg, ein Bau bleibt immer derselbe, während die Bewohner sich wandeln. Es sei denn, sie werden den Raum „gewohnt". Wohnen ist „im Raum sein". **Das Zeitgeschehen will sich im Wohnen ausdrücken.**

Das Jetzt ist für uns das einzige Phänomen, um Zeit zu erfahren. Es ist der „Raum" zwischen einer Vergangenheit, deren Anfang wir nicht kennen und einer Zukunft, dessen Ende wir nicht wissen können. Das Jetzt hat keine **Dauer**, kann sich aber ausdehnen je nach Gefühls-Gestimmtheit von einem Augenblick bis hin zu einem Jahr. Wir leben ausschließlich in der **Gegenwart**. Die ist aber die unfassbare, nicht messbare Ewigkeit zwischen der Vergangenheit und der Zukunft. Das Jetzt ist wie das Nichts zwischen den Dingen – und Alles zugleich.

> *„Zeit ist wie Ewigkeit, Ewigkeit wie Zeit,*
> *so Du nicht machst einen Unterscheid."*
> Angelus Silesius

Rombach drückt das so aus: „Der Offenheit der Zukunft muss eine Offenheit der Vergangenheit entsprechen. Geschlossene **Zukunft** geht immer mit geschlossener Vergangenheit einher. Jede Zukunft hat die durch sie getroffene Vergangenheit. Zukunft und Vergangenheit sind darum in einer bestimmten Weise „gleichzeitig." In der Zeit der Gegenwart. Alles ist Gegenwart nur in verschiedener Weite und Enge. Gegenwart ist kein Zeitbegriff, sondern eine Lebenskategorie. Gegenwart ist die Weise, wie die Zeit zu meiner Zeit wird." Durch den Verlust der Vergangenheit verschließen wir uns die Zukunft. Einbezogene Vergangenheit macht die Gegenwart lebendiger. Wenn Vergangenheit und Zukunft in guter Ausgewogenheit wirken, wird die Gegenwart „reich".

> Über dem Raum des Leibes und dem Raum der Zeit
> steht der Seelenraum.

Wenn wir Dauer erfahren wollen, müssen zwei Zeitpunkte erlebbar werden, als Anfang und als Ende. Darin liegt eine Entsprechung zum Raum, denn Wände schaffen Raum in der Unendlichkeit des Raumes. Wir sprechen vom Zeitraum, einer Zeitspanne. Vielleicht liegt in all dem die Faszination der Uhr-Mode, scheinbar Zeit-Raum zu ermessen.

> *„Lasst uns warten.* ***Warten*** *ist die wahre Zeit.*
> *Wenn man auf den Messias wartet, kommt es aufs Warten an,*
> *nicht aufs Kommen."*
> George Tabori

DIE KRAFT DER ZEIT

„Alles hat seine Stunde. Für jedes Geschehen unter dem Himmel gibt es eine bestimmte Zeit"
Das Buch Kohelet

Die Erfahrung von Zeit ist der Frau unmittelbarer gegeben. Sie erfährt Zeit körperlich durch die großen Zeitspannen der Menarche, Menstruation und Wechseljahre. Die Beschleunigung ist eine männliche Zeit-Erscheinung, uns allen jetzt auferlegt, wie auch die Eile. Keine Zeit zu haben wird Maßstab für Tüchtigkeit. Je weniger zu tun ist, desto gehetzter wird getan und gibt den Anschein von Wichtigkeit. Obwohl wir mehr freie Zeit haben als je zuvor, haben wir das Gefühl von zu wenig Zeit. Die Kraft der Zeit dürfen wir neu erlernen. Früher wurde Zeit wahrgenommen und gestaltet durch häufige Feste, Feiertage und gemeinsame Arbeitsrhythmen, auferlegt durch die Gemeinschaft. Durch die viele „freie Zeit" ist sie nun in die Hand des Individuums gelegt und könnte als wesentlicher Teil zur Ganzwerdung ausgelebt werden. Wir aber leben gegen unsere organische Zeit und dürfen neben den „Räumen der Kraft" auch „Zeiten der Kraft" schaffen.

Verschwendete Zeit ist verschwendete Energie.

In Beratungen und Planungen werden vorrangig die Räume betrachtet, nicht aber die verschiedenen Entwicklungsstufen eines Menschen. Jedes Haus bauen, jeder Einzug in eine neue Wohnung ist räumlich ein Schritt in die Zukunft. So wie ein **Raum für die Zukunft** gestaltet wird, so darf es auch für die Zeit gelten. Jede Zukunft hat ihre Herkunft, Zukunft gibt es nur durch Herkunft. So dürfen wir uns einem Weg zuwenden, den man den Weg der Erinnerungs-Kraft nennen kann. Was erinnert wird, kann erkannt und als wandelnd für die Zukunft gestaltet werden. Wie früher beim Tempelbau und noch heute bei der Kirchweihe, wird der Urimpuls der Gründung jedes Jahr durch ein **Ritual** neu belebt. Die Wiederholung von Ritualen zu einer bestimmten Zeit sättigt die Stunden mit Kraft. Die rhythmische Wiederholung einer Handlung festigt das Ätherische, auch wenn sie nur als tägliche **Wiederholung** zur gleichen Zeit geschieht, einen Text zu lesen oder ein auserwähltes Bild anzuschauen. So sind Feste hohe Zeiten und geben dem Leben Spannung. In seelischen Bedrängnissen hilft das Tun, denn jede Handlung hat ein Ziel. Es zu erreichen, bedarf es der Folge aus der inneren Logik im Tun. Das ordnet, besonders, wen es um **das Handwerkliche** geht. Aufmerksamkeit wird abgefordert und lenkt vom inneren Geschehen im guten Sinne ab – und das beruhigt.

ZEITEN DER KRAFT

> *„Für das reine Geschehen gibt es keine „Zeit".*
> *Es ist selbst die Zeit."*
> Heinrich Rombach

In meinen Büchern finden sich Hinweise zum **„Richtigen Zeitpunkt".** Hier folgt nur eine kurze Zusammenfassung, bezogen auf die Rituale und Kraft der Zeit im Leben, Bauen und Wohnen. Der **Schlaf** ist „heilig". Wir haben dann Anteil an der übersinnlichen Welt. Er ist der „kleine" Bruder des Todes. Wir „sterben" dann hinein in die andere, die nicht reale Welt, die uns zu unserem bewussten Sein begleitet. Wir leben immer zugleich in zwei Welten. Eine Entscheidung durch die Nacht tragen, das ist auch Urvertrauen ins innere Wachsen. Besser noch, durch sieben Tage und Nächte, dann wächst ein Entscheid durch die unterschiedlichen Qualitäten der Nächte und Tage. Früher maß man die Woche statt in Tagen nach Nächten und deutet dadurch die Akzeptanz unserer „dunklen" Seelenräume an. So ist der Schlaf ein Vergessen – und ein Erinnern. Beim Einschlafen und Wachwerden entstehen Schwellenzeiten und Übergänge, in die hinein geistig-seelische Fragen gegeben werden, um Antworten durch die Träume zu bekommen. Wir verbinden uns dann mit der übersinnlichen Welt, weswegen wir uns früher den Engeln uns zugewandt haben, durch Rückschau im Beenden des Tuns und durch Bitten zu „leiser" Antwort aus der Nacht heraus. Die Morgenstunde hat ihre eigene Kraft. Nietzsche nannte es „die Gunst der ersten Stunde" und sollte nicht gleich mit alltäglichen Dingen vertan werden.

Rhythmus ersetzt Kraft.
Wer rhythmisch lebt, erkennt und verwirklicht die Tage anders. Rhythmen teilen sich schon im Mutterleib durch den Herzschlag der Mutter mit und

durch das Wiegen im Frucht-Wasser. Rhythmus macht die Zeit spürbar, die sonst unmerklich dahin fließt. Die Uhr misst nur die Zeit, macht die Zeit als Kraft aber nicht erlebbar. Durch Rhythmen wird psychische Energie geweckt und gefügt. In jedem Atemzug ist die kleine Pause, ist Rhythmus. Das Auge blinzelt, der Lid-Schlag macht das Sehen rhythmisch, ist Atem der Seele. Ein Atemzug ist Gegenwart. Dazu die Wirkung des jährlichen Sonnen-Verlaufes. An ihrem höchsten wie auch zum niedrigsten Stand, der Tag- und Nachtgleiche, entstehen Übergänge, die wie Öffnungen zum Einlass der kosmischen Kräfte wirken: Weihnacht und Johanni, Ostern und Michaeli. Der Mond-Wechsel ist im Abnehmen das Lösende, im Zunehmen das Wachsende. Voll- und Neumond und die Hälften des Mondes sind eher kritisch. Die Dämmerungen des Tages sind bedeutsame Übergangszeiten. Der Morgen als Impuls, der Abend zur Hingabe. Licht und Natur verstärken dann die geistig-seelische Kraft. Die Abendstunden sind Öffnungen für seelisch-geistige Anregungen, unterstützt durch Klänge, Musik, Kunst, Poesie, Philosophie.

Die Pause ist das große Geheimnis. Ist mehr als ein Innehalten zum Nachwirken. In der Musik ist es wie das „Nichts" und zugleich die Kunst, ein Musikstück wahr zu machen. Durch die Pause bekommt das Geschehene und das Künftige seinen Glanz und ihre Würde.

Die **Wiederholung** ist bedeutsam, weil die Seele Zeit braucht. Es entstehen feinste Einprägungen. Das erlebt man, wenn ein Musikstück oft gehört wird, weil es in täglich unterschiedliche Stimmungen einfließt, sich dadurch innerlich ausbreitet und den Seelenraum erfasst. Die wohltuende Kraft der Zeit fehlt in unserer Zivilisation. In einer lebendigen Kultur sind Raum und Zeit ausgeglichen. Diese Kraft zu integrieren ist ein Anliegen ans Weibliche, das unmittelbarer mit der Zeit verbunden ist als das Männliche.

> *„Diese unabhängige stolze Muße des Menschen."*
> Dschuang Dsi

Die Hirnforschung hat ergeben, dass unser Gehirn immer wieder Zeiten des Nichtstun braucht. Leerlauf im Kopf ist für unsere geistige und seelische Stabilität unabdingbar. Große Entdeckungen entstanden, als man vom

Denken losließ. Oft taucht dann blitzartig die Lösung oder ein neuer Gedanke auf. Durch **die Muße** wird das Potential des Unbewussten angeregt. Das verweist noch einmal auf die Wichtigkeit des Schlafes und besonders des Traumes, dessen Botschaften aus dem Unbewussten kommen. „Gott gibt es den Seinen im Schlaf". Muße ist nicht ein bloßes Nichtstun, sondern setzt musisches und geistiges Leben voraus, aus der dann freie Gedanken und Tätigkeiten hervorgehen. Muße darf nicht die Erholungs-Pause von der Arbeit sein, um weiterhin Kraft zu haben. Das nimmt dem der Muße ihre Würde und ihre Kraft. Sie ist unbegrenzte, ungeteilte Zeit aus der heraus aber sinnvolles Tun entstehen kann. Die moderne Technik macht uns zwar freier von der Zeit, füllt sie aber mit größerer Schnelligkeit oder schlägt die gewonnene Zeit tot.

> *„Geduld haben zu allem Ungelösten und die Fragen selbst lieb haben.*
> *Nicht nach Antworten forschen, die man noch nicht leben kann.*
> *Leben Sie jetzt die Fragen. Vielleicht leben Sie dann allmählich,*
> *ohne es zu merken, eines fernen Tages in die Antwort hinein."*
> R.M. Rilke.

Es ist die Frau, die uns lehren könnte, die Muße zu feiern, denn die Kunst der Lebensgestaltung liegt in der **Gestaltung der Zeiträume.** Wenn wir von der Wohnung als Tempel sprechen, dann wird deutlich, wie wesentlich das Wirken der Hausfrau ist. Überspitzt ausgedrückt: sie ist die Priesterin. Sie fügt die Zeitabläufe. Alle Wiederholung zu bestimmten Zeiten, wirken im Raum nicht nur auf die Körperfunktionen ein und richten sie aus. Mehr noch, es entsteht durch die Rhythmen ein energetisches, ein magisches Feld, das seelisch nährt und durch seine Grenzen auch Kraft und Schutz gibt. Gelungene Zeit schafft einen eigenen Raum im Raum, wird zu einer orientierenden Gestalt.

ZEIT UND RAUM

Die Verwandtschaft und Verbundenheit von Raum und Zeit habe ich schon angedeutet. Sie finden wir auch im Wort „Tempel“ wieder. Das Wort meint vom Ursprung her zugleich mit „tempo“ die Zeit. Die Verbindung von Raum, Zeit und Klang zeigt sich im geometrischen Gesetz der **harmonikalen Proportionen**. Der Tag ist – in Stunden gezählt – zur Hälfte die Nacht. Das Verhältnis 12 zu 24 ist 1:2 und damit die Oktave. Die nächste Oktave ist die Teilung in sechs Stunden, die weitere Oktave ist die „Terz“ der Gebete im Drei-Stundentakt der 180 Minuten. Die nächste Oktave wiederum beinhaltet 90 Minuten, die ein Arbeitsvorgang oder ein Vortrag nicht länger ohne Pause dauern sollte, will er nicht energetisch überfordern. Die weitere Teilung sind die 45 Minuten, nach der eine innehaltende Pause sein sollte. Wie im Fußball. Zur harmonikalen Gestaltung im Raum finden sich Hinweise in anderen Büchern von mir.

Die Umstülpung

Das Weibliche im Mann, das Männliche in der Frau zu entdecken und zum Leben zu erwecken, kann man als Umstülpung bezeichnen. In unserer modernen Architektur finden wir dieses individuelle Wandlungs-Geschehens in neuen Gestaltgebungen wieder. Es ist der weibliche Aspekt, die Einwirkung der Zeit im Raum. Ich meine die Umstülpung des platonischen Körpers, des Würfels, der das Element „Erde“ symbolisiert. **Der Eingriff in sein Gefüge ist ein Zeitgeschehen und es entsteht eine neue Form**, die es so in der Natur nicht gibt – das Oloid. Das ist eine Formgebung aus der „vierten Dimension“ heraus durch die Qualität der Zeit. So können die geschwungenen Formen der modernen Architektur auch als „weiblich“ inspiriert gesehen werden. Statt in weiteren Worten verweise ich auf „YouTube“ unter „Umstülpbarer Würfel.“ oder „Oloid“. Interessant ist dabei, dass diese Form ähnlich wie das Tao-Symbol aus zwei gleich grossen Kreisen entsteht.

Yang Yin Grundform des Oloids Oloid

DIE BEDEUTUNG DER RITUALE

Das Leben wird durch Rituale geordnet, belebt, gestärkt.

Über Rituale habe ich schon mehrfach geschrieben, weil sie eine besondere und aufbauende Kraft sind. Warum also noch einmal hier? Ich glaube, dass Frauen mehr als die Männer für Rituale aufgeschlossen sind. Vom Wesen her fällt es ihnen leichter, sie zu gestalten – Gäste bewirten, singen, tanzen, sich bewegen, Gefühle äußern, mit Gesten und der ganzen Gestalt das Innere ausdrücken, – all das ist ihnen näher. Noch bestehen Abneigungen gegen Rituale, weil sie in Gottesdiensten gepflegt werden, man sich aber von der Kirche abgewandt hat oder weil früher die Rituale missbraucht wurden. Es haftet den Ritualen der Hauch des Magischen an. Für die Männer entsteht Scheu, weil Gefühle geweckt und die Seelenräume angeregt werden. Schon die Einweihung eines Hauses ist manchen fremd. Die jetzt noch wirkenden Rituale sind die steifen Abläufe bei Staatsempfängen und militärischen Demonstrationen der Macht. Aus Angst, wir würden wieder in die Zeiten der Magie zurück fallen, schütten wir das Kind mit dem Bade aus und versäumen tief wirkende Belebungen.

WAS EIN RITUAL IST

In Ritualen werden Lebenshandlungen zu Seins-Erfahrungen.

Rituale sind frei von der Materie, formen die Dinge nicht, sondern folgen den Regungen der Seele, sind Ausdruck eines inneren Geschehens und schauen in die Zukunft. Früher dienten viele Rituale zur Dämonen-Beschwörung. Man besänftigte die bösen Geister durch Opfergaben. Wenn wir alte Rituale unbedacht wiederholen, dann können alte Ängste mitschwingen. Wir aber leben in einem anderen Bewusstsein. Es gilt heute, Neues zu entwickeln, um eine spontane und frische Kraft anzuregen. Diese unsere Zeit will andere Verbindungen herstellen zwischen dem Individuum und dem Ritual. Das kann geschehen, wenn im Ritual vom eigenen Ego hingegeben, also geopfert wird, statt wie früher stellvertretend durch äußere Gaben. Im Anklang an das Wort von Silesius: „So du nicht stirbst, wenn du lebst, so du verdirbst, wenn du stirbst."

Das Wort „Ritual" kommt aus dem Lateinischen „ritus" und meint einen feierlichen, religiösen Brauch, eine Zeremonie, um sich mit dem Göttlichen zu verbinden. Rituale haben Symbol-Charakter und rühren Archetypisches und unbewusste Schichten der menschlichen Kultur und an. Es wirken feinstoffliche Energien und Mythen aus dem Seelenreich der Menschheits-Erfahrungen. Rituale sind der sichtbare und erlebbare Ausdruck eines geistigen Impulses. Zuerst ist der Impuls da. Dessen Klarheit, Eindeutigkeit, Zielgerichtetheit und Gottesbezogenheit sammelt alle verfügbaren Energien auf ein in Worten gefasstes Ziel. Es schwingen feinste Energien, denn Rituale sind aus Gedanken und Gefühlen der Menschen geboren und gehorchen dabei gleichzeitig dem physikalischen Gesetz, dass die feineren Schwingungen – Gedanken und Gebete – die „gröbere" Materie anregen. Ein Ritual ist eine symbolische Handlung, steht im Jetzt und wirkt auf ein künftiges Geschehen ein. Es ist voller Wirkkraft, weil es durch den Einsatz des ganzen Menschen geschieht. Darum fordert ein Ritual zur inneren Reinheit heraus und schafft dadurch eine besondere Ordnung im Geistigen. Es gewinnt an Kraft, wenn es gemeinschaftlich durchgeführt, weil in einer gleich gestimmten Menschenrunde sich die geistigen Welten stärker mit dem Geschehen verbinden.

Rituale sind die Äußerung des Nichtsichtbaren.

Durch die jährliche Wiederholung eines Rituals – wie zur Grundsteinlegung oder der Einweihung – wird nicht nur der Impuls erneuert, es entsteht auch eine „Verdichtung" des Erstimpulses. Immer wiederholte Taten prägen sich ein. Jede Wiederholung ist die Erinnerung der ursprünglichen Tat und belebt diese Kraft. Sie wird Teil des körperlichen Geschehens. Rituale können ganz einfacher Natur sein. Handlungen, die wir bis dahin gewohnt waren und gedankenlos taten, können als Ritual dann Kraft gebend wirken. Eine kleine und scheinbar alltägliche Handlung kann zum Ritual werden, schon durch die kleine Pause davor und eine Verlangsamung während des Tuns. Sei es, eine Kerze anzuzünden oder Teewasser aufzugießen. Durch die Veränderung im Gewohnten kann vieles eine neue Bedeutung und Würdigung bekommen. Der Wunsch, die sakrale Welt in den Alltag hineinzuholen, ist ein elementares Sehnen im Menschen. Rituale, auch wenn sie neu gefunden werden und unserer Zeit entsprechen, rühren dennoch uralte Muster und Kraftquellen an, die in uns vorhanden sind.

DIE KRAFT DER RITUALE

Wenn Rituale gelingen sollen, dann entstehen sie zur rechten Zeit, als ob sie in uns schon vorbereitet sind. Sie wirken alchemistisch und werden unterstützt durch den körperlichen und sinnlichen Vollzug in Haltung, Gebets-Gebärden, Gesten, Tanz, Musik, Kleidung, Zeitfolge, Festlichkeit und Düften. Sie sind dadurch sinnlich erfahrbar. Sie reinigen, wenn vom eigenen Ego geopfert wird. Durch das Leerwerden von Ego-Anteilen und durch Gottes-Bezug, können kosmische Geschenke empfangen werden. Wird ein geistiger Impuls in eine Form gebracht, wirkt er im Seelenbereich und auf der Herzens-Ebene. Rituale sind auch unabhängig von Raum und Ort möglich. Sie richten Energien aus und heben eine Handlung aus dem Alltag festlich heraus. Sie schaffen eine Atmosphäre, damit Göttliches geschieht. Ein Ritual ist die geistige Vorwegnahme dessen, was in der Materie sich verwirklichen soll.

Durch ein Ritual wird in einem größeren Zeit-Maßstab nach vorne geschaut. Im Ritual ist die Energie klarer, denn sie ist noch rein und ohne die Verwirrungen im Tun. In der späteren Verwirklichung und ihren entstehenden Herausforderungen, gibt das Ritual dann eine aufbauende Kraft. Ein Ritual sollte einen konkreten Ausdruck finden in einem Symbol, Gedicht, Tanz, einer Gebärde oder einem gemalten Bild. Es ist als Bekenntnis und Entscheidung eine kreative Kraft und braucht den klaren Willensausdruck. Möglichst an einem geschützten Ort vollzogen, grenzt es ab von negativen Einflüssen. Dienlich sind die Hoch-Zeit des Tages, der Woche, des Monats, der Jahreszeit, des Mondstandes, der astrologischen Kraft oder eines Heiligen.

Vorbereiten eines Rituals: Innerlich und äußerlich braucht es eine längere Zeit, damit sich die langsameren Seelenkräfte ausrichten und ausbreiten können. Alles etwas langsamer tun. Sich mit allen Sinnen dem Geschehen

zuwenden. Wie in einer Meditation ganz nur das Eine tun. Mit dem Herzen, dem Geist, dem Fühlen, dem Körper anwesend sein und weniger im Denken. Das Gedankliche ist ein Teil der Vorbereitung, aber verabschiedet sich danach. Die Handlung sei herausgehoben aus dem Alltag, dem Gewohnten und durch Pause, vorherige Reinigung und festliche Kleidung gewürdigt. In aufrechter Körper-Haltung. Rituale vorbereiten, aber achtsam sein, denn es kann geschehen, dass spontan etwas Unerwartetes sich entwickelt und es das Eigentliche ist.
Das Beispiel eines Rituals möge die „Äquator-Taufe“ sein, die immer noch auf Schiffen vollzogen wird. Wenn auch jetzt eher zum Jux, gibt es Merkmale eines frühen Rituals wieder. Im Wellenmeer des Ozeans ist der Äquator kein sichtbarer Übergang, aber wird durch ein Ritual herausgehoben. Auf dem Schiff werden Neulinge eingeweiht. Zuerst wird in einem Gottesdienst um göttlichen Schutz für „das Neue“ gebeten. Danach macht man sich nackt und beschmutzt den Körper. In Bottichen mit Wasser erfolgt Reinigung. Um „vom Alten“ leer zu werden, wird auch von den Haaren abgeschnitten. Man verhöhnt einander und macht sich lächerlich, um dem Widersacher die Spitze zu nehmen. Es werden zu Läuterung auch Schmerzen zugefügt. Zum Schluss wird man geweiht und erhält einen Namen.

RITUALE IM BAUEN

Es werden immer seltener die früher üblichen Einweihungen vollzogen. Die Grundsteinlegung oder das Richtfest sind die einzigen uns noch vertrauten Rituale. So mancher Zimmermann jedoch scheut sich des Richtspruches oder hat die traditionellen Worte nicht verfügbar. Dabei ist das Bedürfnis nach Ritualen gerade im Bauen größer als wir uns zugestehen. Ich zähle mögliche Rituale des Bauablaufes auf. Wichtig ist, Rituale zu wiederholen, weil ihre Energie im Laufe der Zeit abnimmt. Das gilt besonders für feste Zeitpunkte wie die Einweihung und der Einzug ins Haus. Man schließt dann wie in der christlichen „Kirchweih“ an den Gründungs-Impuls in jedem Jahr neu an.

Auf dem **Grundstück** schlafen.
Kontakt zur Erde und den Bäumen aufnehmen.

Den Geist des Ortes erspüren.
Die Himmelsrichtungen wahrnehmen.
Dem Grundstück eine Gabe geben.
Das Grundstück eigenhändig durch Eckpfosten als Eigentum markieren.
Den „unbetretenen" Bereich weihen.

Die Plan-Skizzen und **Pläne** meditativ erfahren und „segnen".
Die vom Computer gezeichneten Pläne skizzenhaft per Hand erfassen.
Die Idee in Ton gestalten.
Die Räume in innerer Vorstellung durchwandern.

Das **Gebäude** selber vor der offiziellen Vermessung abstecken.
Die Gebäudeachsen festlegen.
Den ersten Spatenstich vor dem Bagger-Aushub eigenhändig vollziehen.

Den **Grundstein** gestalten.
Den Grundstein verlegen.

Die einzelnen **Bauphasen** kurz unterbrechen und eine Bitt-Pause einlegen.
Die Handwerker einbeziehen.
Die Gebäude-Ecken „informieren".

Das **Richtfest**

Reinigung:
Alles Fremde und den Unrat entfernen.
Durch „lautes" Fest anhaftende Energien feinstofflich lösen.
Stilles Feiern danach.
Leere Räume
Ohne Möbel wahrnehmen.
Das Wesen eines Raumes erkennen.
Im leeren Raum schlafen.

Die **Tür** setzen und das „Wort" setzen.
Die Nachbarn dazu einladen als Teil der Einweihung.

Einwohnung und Segnung
Die Essenz aus dem Logbuch äußern.
Wiederholungen jährlich vollziehen.

VERWIRKLICHUNGEN

DIE KUNST DES GEMEINSAMEN WOHNENS

„Wohnen will gelernt sein"
Heidegger

Wohnen ist ein Leben auf Dauer und kein Besuch. Wohnen meint nicht nur die gemeinsame Nutzung von Räumen, sondern ist auch ein gemeinsames Zeit-Erleben. Durch das miteinander Wohnen entsteht ein gemeinsames Drittes: eine Raum-Zeit-Gestalt, die stärken und nähren kann. Darum werde ich das Gemeinsame betonen und auch Gedanken zur Ehe anfügen, mit Augenmerk auf die weiblichen Qualitäten.

Erst seit wenigen Jahrzehnten können wir unser Leben individuell und nach eigenem Ermessen gestalten. Das gab es in der Geschichte des Menschen bis dahin nur für vom Leben Bevorzugte. Auch die Familien-Strukturen haben sich geändert. Neue Weisen der Partnerschaft sind entstanden. Die traditionelle Ehe hat sich gewandelt und eine neue Sinngebung von der Ehe wird gesucht. All das wirft einen anderen Blick auf das gemeinsame Wohnen. Die uns gegebene Freiheit von Zeit- und Existenznot ist verbunden mit dem Sehnen nach Selbst-Werdung, nach Individuation. Unser Drang nach Freiheit ist groß und kann sich endlich ausleben.

Als Single zu leben, wird immer populärer. Das hat unterschiedliche Gründe. Gemeinsam zu wohnen bedeutet, sich und seine Unabhängigkeit einzugrenzen. Die unguten Erfahrungen aus dem Elternhaus und die vielen unglücklich gelebten Ehen lassen zurückschrecken. Allein und unabhängig zu leben gibt Freiheit. Das Bedürfnis nach Alleinsein ist dann größer als der Wunsch nach Zusammenleben. Daraus entsteht eine Verwirrung, denn unsere geistig-seelische Entwicklung und Individuation wird herausgefordert und gefördert durch das „Du". Das braucht das Unausweichliche des gemeinsamen Lebens.

DER EIGENE RAUM

> Das Zauberwort der Partnerschaft:
> „Unzertrennt und unvermischt."

Zwischen Frau und Mann, zwischen dem Weiblichen und dem Männlichen finden zwei wesentliche Bewegungen stattfinden: das Verbinden und das Trennen. Wenn das im Wechsel geschieht, so ist es reine Lebendigkeit wie das Atmen. Das findet sich schon im Wort „Beziehung" wieder. Es meint, durch etwas Trennendes „zieht" eine Kraft immer wieder auf das Gemeinsame hin. Das braucht den Rückzug, das Alleinsein. Einen Raum bewohnen, der nach eigenen Wünschen eingerichtet und ausgelebt wird, kann das Leben bewusster gestalten. Für Menschen, die einen geistigen Weg gehen, ist es fast unumgänglich, **einen eigenen Raum** zu bekommen. Dann man kann sich zurückziehen, um neu belebt wieder gemeinsam zu sein. Wohnen wird als ein gemeinsames Zeitgeschehen erfahren und erstarrt nicht im Gewohnten.

Man kann sogar so weit gehen, dass man „anklopft", als Gast dann beim anderen eintritt und als Gastgebender im eigenen Raum empfängt. Es kann manchmal bedeuten, in einer Partnerschaft sich den eigenen Raum zu erkämpfen, wenn man bis dahin gewohnt war nachzugeben, sich anzupassen – was dem weiblichen Naturell näher ist. Eine strapazierte Ehe, die kurz vor der Auflösung stand, konnte erhalten und lebendiger werden, als die Frau den Mut hatte, einen eigenen Raum zu fordern. Der Widerstand des Mannes legte das versteckte „Muster" der Söhne bloß, verlassen zu werden und sich ausgeschlossen zu fühlen. Es braucht nicht nur den eigenen Raum, sondern auch die **eigene geschützte Zeit.** Der eigene Raum und die eigene Zeit schützen und schaffen im Laufe der Zeit ein tieferes Vertrauen ins eigene Wesen. Es entsteht eine tiefe Geborgenheit durch das nur einem selbst gehörende Geheime. Jeder Mensch braucht seinen „geheimen Garten", den er pflegen und auch „hegen" kann. In unserer Welt, die Alles zugänglich und offen machen will, kommt das Gefühl auf, auch dem geliebtem Gegenüber müsse alles, auch **der „Geheime Garten"** offenbart werden. Die Akzeptanz des eigenen inneren Gartens aber würdigt zugleich das Geheimnis des Anderen.

Wir leben zu eng aufeinander. Das verbraucht unnötige Kräfte statt zu beleben und zu bereichern. Der selbst gestaltete Raum wird zur seelischen Hülle, schützt die inneren Bewegungen und gibt Muße, das Traum-Geschehen der Nacht zu würdigen. Er kann die Eigenheiten stärken aber auch ermutigen, noch nicht gewagte Lebens-Qualitäten auszuleben. Ein solcher Raum ist „mobiler" und kann unmittelbarer innere Verbindungen sinnlich unterstützen. Das Bau-Volumen muss nicht größer werden, wenn wir die neuzeitliche Neigung aufgeben „repräsentativ" zu bauen.

HERAUSFORDERUNGEN

Wir stellen uns kaum die Frage, wie wir wohnen wollen und was wir vom gemeinsamen Wohnen erwarten. Oft sind es äußere Gründe, die uns bestimmen – all die nützlichen Dinge und so manche finanzielle Begrenzungen. Aus unserer Kindheit sind uns die **Wohnungen der Eltern** vertraut. Sie gaben uns Schutz, Wärme und Geborgenheit. Selten entsprach die Einrichtung unserem eigenen Wesen und konnte dennoch Vertrauen in diese Dinge geben. Man darf erspüren, was unterbewusst ins eigene Wohnen übernommen wird.
Eine gemeinsame Wohnung kann kindliche Wünsche nach „versorgt sein" erwecken. Nach „Heim" und Heimat, was damals mit der Geborgenheit und dem Schutz im Elternhaus verbunden war. Man sucht als Erwachsener im Miteinander oft auch **das Mütterliche** oder hat die Neigung den anderen zu bemuttern. Beide Tendenzen sind dem Erwachsen-Sein hinderlich und mindern die Partnerschaft. Das kann auch der mütterliche Mann sein, in seinem Sehnen nach Symbiose, statt gelebter Eigenständigkeit. Man gibt dann Verantwortung ab, die im Alleinseim gar nicht erst auftreten würde. Aus dieser Gebundenheit heraus versteht man dann, warum heranwachsende Söhne so lange unter den Fittichen der Eltern bleiben.

Doch auch das Gegenteil erlebte ich. Ein Mann wollte eine Wohnung mieten, obwohl es ungewiss war, ob sie für mehr als ein paar Wochen frei sein würde. Das Risiko und mögliche große Kosten störten ihn nicht, schien ihm, wenn auch versteckt, eher angenehm zu sein. Im beratendem Gespräch stellte sich heraus, dass er ohne Mutter nur mit seinem Vater zusammen gelebt hatte, der als Schauspieler ständig den Wohnort wechselte. Die Rückschau auf das Elternhaus kann **die wahren eigenen Wünsche** offenkundig machen.

DIE EIGENEN WÜNSCHE ERKENNEN

Zuerst nach vorne in die Zukunft schauen und erspüren, was man sich vom gemeinsamen Wohnen erwünscht. Das in Worte fassen und mit **in die Träume** nehmen. Sich erinnern, was an „Gewohntem" aus der Kindheit auftauchen will. Das sind Bilder aus der Kraft des Unterbewussten. Sie wollen Ausdruck finden durch Gestaltung in Farben und Worten. Es geht dabei nicht um Perfektion, sondern um Wiedergabe des Gefühls.

ZUR ANREGUNG:
Gibt es Erinnerungen aus den Wohnungen der eigenen Eltern? Es können Grundrisse aufgezeichnet werden, einschließlich den Möbeln. Sind daraus Muster entstanden? Waren die Räume des Elternhauses eng und erzeugen jetzt in kleinen Räumen eher Platzangst? Waren sie zu weit, so dass man jetzt Mühe hat, sich auch auf menschliche Nähe einzulassen? Wer gewohnt war, in überweiten **Räumen** groß zu werden, kann eine Vorliebe für Gemeinsamkeit haben, statt auf sich zentriert zu sein – und lässt gerne Türen offen. Wer zu eng leben musste, kann sich in übergroßen Räumen auch verlieren.

Braucht der gemeinsame Raum **eine Mitte** oder soll er dort leer sein? Ist die Unordnung, die man lebt, ein Überbleibsel aus kindlich-regressiver Haltung? Ein übermäßiger Freiheitsdrang ist auch erklärbar aus der Kindheits-Erfahrung und der Sehnsucht, sich zurück zu ziehen. Die Zeit vom siebten bis zum vierzehnten Lebensjahr besonders erinnern. Sie steht im Tierkreis-Zeichen vom „Stier" und birgt allgemein die Erfahrung von Lebens-Raum. Hatte man überhaupt einen eigenen Raum? Und wenn – durfte man darin seine eigenen Ordnungs- oder Unordnungs-Gewohnheiten ausleben?

Auch das eigene spätere **soziale Leben** sollte man ansehen, damit ein „Stubenhocker" nicht vom „Party-Fan" übermachtet wird – und umgekehrt. Soll eine Wohnung mehr dem Rückzug oder als Begegnungsraum mit anderen dienen soll. Braucht man mehr die „Höhle" zum nach Innen gehen oder lieber das „Nest“, zum Kontakt nach außen? Was ist aus früheren Partnerschaften „belastet“? Was braucht man zur Stärkung, aber auch was zur Herausforderung, um Gewohntes abzulegen? Was braucht man wirklich und worauf kann man verzichten?

Diese Fragen und Hinweise erfassen nicht alle Möglichkeiten. Sie sollen anregen zum eigenen Erforschen.

DAS GEMEINSAME ERKENNEN

Sich selber und gegenseitig einschätzen, welche **Temperamente und Elemente** einem nah oder fern sind – sei es der Melancholiker und das Wässrige, der Phlegmatiker und das Erdhafte, der Sanguiniker und das Luftige oder der Choleriker und das Feurige. Dadurch werden die Elemente erkannt und die Möglichkeiten sie im Raum zu verwirklichen. Wenn man sich in der Astrologie auskennt, verfeinert sich die Suche. So sind in den Büchern „Räume der Kraft schaffen“ und „Mehr als ein Zeichen“ Hinweise zu den einzelnen Tierkreiszeichen von mir beschrieben.

Vertieft kann ein Astrologie-Kundiger die individuellen Bedürfnisse darlegen. Sei es zu erkennen, welche Elemente sich vereinen oder abstoßen, bis hin zur spirituellen Begleitung im Erkennen und Verwirklichen des gemeinsamen geistigen Weges. Dann werden auch **karmische Vorgaben** aufgedeckt, die intensiv wirken aber schwer zu erfassen sind. Zu dieser bedeutsamen Frage gibt es das Buch von Jan Spiller, das wesentliche Hinweise auch dem Lesenden gibt, der zur Astrologie keinen Zugang hat. Schon durch das Geburtsdatum erschliesst sich daraus das wesentliche Tierkreis-Zeichen und gibt erste Einblicke. Ich empfehle daraus eine eigene Erfahrung zu machen.

Die Beratung zum gemeinsamen Wohnen kann wie zu einer **Paar-Therapie** werden. Wenn ein Mensch mit feurigem und bestimmenden Naturell mit einem eher wässrigen und nachgiebigen Menschen leben will, so ist das aus der Faszination des Gegensätzlichen zu verstehen. Im gemeinsamen Wohnen kann das jedoch zu heftigen Auseinandersetzungen führen. Darin liegt natürlich eine Chance – wenn man die Herausforderung durchd den Anderen erkennt und sie will. Die Erfahrung hat gezeigt, dass es Emotionen erspart, wenn erkannt wird, was der Partner braucht. Dann müssen keine sich anpassenden oder abneigenden Verhaltensweisen ausgelebt werden.

Das jeweils **Übereinstimmende und das Unterschiedliche** kann abgewogen werden. Ein konkreter Weg: Man kann aus Illustrierten und Wohn-Zeitschriften zu den verschiedenen Räumen, wie Küche, Schlafraum oder Stube, Bilder herausschneiden und zu Collagen fügen. Jeder für sich. Dann beschreiben, was man und warum man es gewählt hat. Das Alles sollte spielerisch sein, weil dann rationale Grenzen und Verhaltensweisen leichter übersprungen werden.

Die eigenen Gewohnheiten im **Tagesablauf** sind Teil des Wohnens. Man kann sich die Wirkungen von Sonne und Mond nach Wilk und Hagena bewusst machen. So wird ein „lunarer" Typ am frühen Morgen ungern etwas essen, wohl aber zu späterer Stunde. Abends bleibt er gerne lange auf. Der von der Sonne bestimmte „solare" Typ empfindet ganz anders. Es sind scheinbar nur Kleinigkeiten, doch haben sie Einfluss auf das Miteinander-Leben. Ist man als Paar vom gleichen Typ, so wird manches im Alltag geschmeidiger.

DAS GEMEINSAME WOHNEN

In den meisten Wohnungen hat alles seinen „angestammten" Platz. Das Wort „Möbel" meint eigentlich das Bewegliche, sind aber dennoch nicht „mobil". Die feste Ordnung der Möbel gibt ein Gefühl von Sicherheit. Damit das Wohnen aber nicht „gewöhnlich" wird, dürfen innere und äußere Veränderungen sich auch in der Umstellung und **Veränderung der Möbel** zeigen.

Ideal wäre es, wenn zuerst nur das Allerwichtigste vorhanden ist – Bett, Stuhl und Tisch – und die anderen Möbel mit dem Einleben in die Wohnung dann Stück für Stück nachwachsen. Die Gestaltung der gemeinsamen Räume würde sich immer weiter verfeinern und dabei die Beziehung beflügeln. Das Einrichten einer Wohnung ist ein Geschehen in der Zeit und kann zu einem sich selber „Einrichten" werden. Die **Einrichtung richtet aus**.

In einem Dorf sah ich eine besondere Weise des miteinander Lebens. Ein Paar bewohnte zwei sehr kleine Häuser, die sehr nah nebeneinander standen. Dazwischen lag die gemeinsame Küche. Jedes der beiden Häusern war für sich zugänglich. Lebt man gemeinsam, dann wird man sinnlich bereichert. Gemeinsames geschieht unmerklich, wenn man das Gleiche sieht, riecht, fühlt, schmeckt und die gleichen Klänge hört, das Gleiche erlebt. Es entsteht ein Eins-Sein, das ein Fundament wird für den geistigen Austausch und die spirituelle Verbundenheit.

Das verstärkt sich in den Nächten, wenn das Bewusstsein sich aufhebt und geistige Kräfte das Paar umhüllen. Wie es das Zeichen der Ehe-Schließung zeigt mit den zwei Kreisen, die bis zur Mitte des anderen sich überschneiden. Im Wort „sie schlafen miteinander" ist dann feinstofflich der Austausch der Energien gemeint. Wenn durch die eigenen Räume es zu **getrenntem Schlafen** kommt, sollte dennoch manche Nacht nebeneinander „gelebt" werden. Im Schlaf geschieht Wesentliches, wenn auch nicht unmittelbar spürbar, weil es im Seelischen geschieht – und die Sexualität bekommt aufmerksameren „Raum". Wenn das Trennen und Verbinden bewusst gelebt wird, sollte immer wieder eine Atmosphäre des Gemeinsamen geschaffen werden. Besonders abends als Übergang in die so wesentliche Zeit des Seelischen, der Tiefe der Nacht und der Träume.

DAS ÜBERGEORDNETE

Bis jetzt habe ich mehr das Praktische, Nützliche und Harmonisierende aufgeführt. Aber auch in diesem Buch möchte ich den spirituellen Aspekt des Wohnens hervorheben in der Frage, wie das Wohnen den geistigen Weg unterstützen kann. Gemeinsames Wohnen kann das eigene und gemeinsame Lebensziel fördern. Die Arbeit am **„Wort" und Symbol**, die beide über der Haustür angebracht sind, rufen den Segen herbei. Schon vor dem Einzug ist die Hinwendung zum Wort und Symbol ein gemeinsamer Weg. Sie bündeln die individuellen Energien und sind eine übergeordnete Kraft, die bei Zwist und Zweifel heilend und verbindend wirken kann. Das Wort und Symbol über der Tür des eigenen Raumes verstärkt die persönliche Energie. Näheres dazu im Buch „Die Kraft des Übergangs".

WENN MAN ZU EINANDER ZIEHT

„… und dann die Wohnung finden für zweierlei Menschen. Nicht nur für einen, sondern für eine Gemeinschaft zwischen Mann und Frau, schon der Gedanke ist abenteuerlich und erregend."
Max Frisch aus „Die Schwierigen"

Die „Neuen Familien", unsere längere Lebenszeit und unsere größere Flexibilität bringen es mit sich, dass immer häufiger Menschen zusammenziehen, die schon einen eigenen Haushalt besitzen. Auch sind es öfter **Menschen in der „Mitte" ihres Lebens**, die schon prägende Erfahrungen im Wohnen gemacht haben. So verbinden sich zwei Erwachsene mit all ihren Gewohnheiten und Erwartungen. Sie müssen von Altem loslassen, denn selten ist soviel Raum vorhanden, dass alle Dinge und Möbel mitgenommen werden können. Aber auch der Raum-Gebende ist herausgefordert, leeren Raum zu schaffen. Es ist ein Leer-Werden nicht nur im Äußeren der Dinge und der Räume sondern auch im Seelen-Raum. Oft ist es auch der Beginn, sich von den heranwachsenden Kindern zu trennen.

Die Zeit vor dem Zusammenziehen ist bedeutsam, um die eigenen Bedürfnisse und die des anderen zu erkennen und braucht viel Muße. Sobald ein gemeinsames Leben geplant ist, sollte jeder ein „geheimes" Tagebuch führen, dem man sich voll anvertraut, mit allen Ängsten, Freuden und Erwartungen – und auch auf die Träume horcht. In der inneren Zwiesprache – dem Schreiben und Horchen – meldet sich Unbewusstes und Verdrängtes und wirft Licht auf das, was die gemeinsame Zukunft bringen kann. Mehr noch als oben beschrieben, ist jetzt die Kunst des Wohnens gefragt und mehr noch, sich und den Anderen zu erkennen. Es gelten auch hier die Hinweise zur Kunst des Wohnens, jedoch verstärkt, so dass es sinnvoll sein kann, über die Eigen-Erkenntnisse hinaus sich Hilfe von außen zu holen. Die von mir entwickelte „Spirituelle Begleitung" wäre dazu ein Weg.

RAUM GEBEN, RAUM NEHMEN

Geben und Nehmen sind zwei Bewegungen, die zusammen gehören. Oft wird das Nehmen als nur passiv missverstanden, doch es ist Teil einer Tat. Was wir bekommen, fordert auf, es zu bereichern und dann weiterzugeben. Auch im Nehmen entsteht Verantwortung. Wer sich anpasst und Raum lediglich entgegen nimmt, ist nur scheinbar großherzig. Im Grunde bürdet er dem Gebenden eine Verantwortung auf, die der Nehmende selber zu tragen hat. Es ist wie bei der Grenzfestlegung zwischen Nachbarn. Wenn beide in Frieden sind mit gemeinsam **abgesteckten Grenzen**, entsteht mehr als ein Zaun. Früher hatte man dafür das schöne Wort „Einfriedung".

Die Weise wie wir den **Raum geben** und den **Raum nehmen**, ist ein erster und wichtiger Schritt, um künftig friedvoll miteinander zu leben. Es kann ein individueller Entwicklungsschritt sein, endlich einmal in einer Partnerschaft sich den eigenen Raum zu geben. Ein im Tierkreiszeichen geborener„Löwe" wird dank seines Elements Feuer wie selbstverständlich sich seinen Raum nehmen – und zwar einen großen. Ist sein oder ihr Partner jedoch eher „wässriger" Natur, dann wird er sich leicht anpassen, aber sich selber letztlich nicht würdigen. In beiden kann auch ein unterschwelliges Unbehagen von Anfang an entstehen und sich im Laufe der Zeit an ganz anderer Stelle emotional entladen. Es braucht Selbsterkenntnis und Mut, sich seinen Raum zu geben und dem Anderen seinen Raum zu lassen. Es ist Grenzsetzung im nicht sichtbaren Raum des Erkennens und Bekennens. Klarheit macht die Grenzen sichtbar, dann muss man später nicht kämpfen. Dann erkennt man, was man selber und was der Andere braucht. Sonst bewegt sich das Miteinander später im Diffusen und in vielen unnötigen Auseinander-Setzungen.

Die Wohnung des Anderen sich zu eigen machen, ist für beide ein Geschehen, das nur langsam gedeiht. **Wer Raum gibt**, muss als Einladender sich ebenfalls von Dingen trennen und muss liebe, alte Gewohnheiten in vertrauten Räumen und Zeiten aufgeben. Er muss einen Raum frei lassen, den er vorher mit dem ganz Eigenen ausgefüllt hatte. Durch das alltägliche Wohnen wird es einem erst jetzt bewusst, welche Bedeutung manche Dinge und manche Handreichungen hatten.

Wer einzieht, gibt seine eigene Wohnung ganz auf und begibt sich in eine Welt, die schon längere Zeit vom Anderen ganz persönlich ausgelebt wurde. Weil man in eine Wohnung zieht, die schon mit eigenem Leben und vielen Möbeln versehen ist, ist der Einziehende auch ein Eindringender. Nicht aus innerer Einstellung, sondern allein schon durch den körperlichen Vollzug und verstärkt durch die nur ihm gewohnten Dinge, die er mitbringt. Da können erste Machtkämpfe entstehen, denn es wird ein Urtrieb angesprochen, wie die Verhaltensforschung aufzeigt. Wer zuerst da ist, ist **der Revier Besitzende**. Dadurch kann ein verstecktes Machtgefühl angerührt sein. Es kann sich verstärken, wenn der Einziehende für seine Sachen im vorhandenen Haushalt keinen rechten Platz findet. Er erlebt dann ein Gefühl der Unterlegenheit.

> *„Möbel lassen sich nicht fortdenken oder wegfühlen“*
> Hajo Eickhoff

Man möge sich schon zu Anfang darauf einstellen, dass im Zusammenziehen häufiger als bisher gewohnt, die Möbel umgestellt werden. Obwohl sie „mobil“ gemeint sind, werden sie dennoch selten verrückt. Nicht nur ihres Gewichtes wegen, sondern aus Gewohnheit. Sie greifen zudem aktiv in den Raum ein durch Größe und Dominanz, sie brauchen Raum und nehmen Raum. Wenn sich im Seelenraum eines Wohnenden etwas bewegt, darf sich das auch in den Räumen ausdrücken und braucht Bewusstheit beim Partner. Möbel können durch ihre reine Gegenwart, ihr Volumen und Schwere übermachten. Zur **Würdigung der Möbel** habe ich im Buch „Energetische Raumgestaltung“ und zu den „Wesen“ Tisch, Stuhl und Bett mehr beschrieben.

DIE EIGENEN RÄUME WAHRNEHMEN

> Deine Räume spiegeln Dich.

Weil Wohnen als Lebensweise „gewohnt“ werden kann, darf man vor dem Umzug in den eigenen Räumen wahrnehmen, was noch beseelt ist oder aber unlebendig ist und nur durch die Zeit mitgetragen wurde.

Die Begegnung mit der eigenen Wohnung: Sich an den Einzug erinnern. Wie war die Zeit? Die Gestimmtheiten, Erwartungen und Erlebnisse erinnern. Schon vor dem Eingang sich selber intensiv erspüren, als betrete man **wie ein Besucher** zum ersten Mal das Haus und die Räume. Innehalten bevor die Wohnungstür geöffnet wird. Wie sind die ersten Eindrücke: ist es hell oder dunkel, weit oder eng, hoch oder niedrig, voll oder leer, kalt oder warm, leicht oder schwer? Wohin zieht es mich? Wo fühle ich mich wohl? Wo ist es unangenehm? Wo lasse ich mich im Raum nieder und blicke wohin? Gibt es viel Harmonie, fehlt es an kräftigen Impulsen? Wo ist es konkret „hell" oder „dunkel". Gibt es ein belebendes Schatten-Spiel oder überwiegt hartes Licht? Wo ist es still, wo laut? Wie sind die Gerüche? Die Bildmotive an den Wänden erspüren, sie geben Seelen-Qualitäten und Vergangenes wieder, das gelebt und geliebt war oder ersehnt wurde. Die Sichtweisen zu den Bildern ändern. Die Räume aus verschiedenen Blickwinkel heraus anschauen. Auf dem Boden liegend die Decken wahrnehmen. Die Wände in der inneren Vorstellung anders farblich gestalten und der Wirkung nachspüren. Was ist die „Mitte" des Hauses, der Wohnung, des Raumes wo sind die Einstrahlpunkte der Ätherkräfte? Die Wohnung zu verschiedener Tages- und Nachtzeit erspüren.

Nach dem ersten Gang meditativ aufschreiben, was aufgefallen war und wichtig ist. Dann noch einmal die Räume, nun noch „körperlicher" und sinnlicher ergehen und entdecken was neu erscheint. Auch das aufschreiben. Ein oft übersehener Schritt in der **Wahrnehmung** sind Nach-Klang und Nach-Bild. Deswegen sollte man über das Erkannte mindestens „eine Nacht" schlafen. Es werden dadurch Erinnerungs-Kräfte in uns wachgerufen, die jenseits der bewussten und auch der intuitiven Wahrnehmung wesentlich sein können. Das hat auch mit der „Verdauung" all der vielen Sinnes-Eindrücke zu tun.

VOM GEWOHNTEN ZUM UNGEWÖHNLICHEN

Das Gewohnte und die Wohnung sind einprägsam.

Jeder sollte einmal einige Tage und Nächte allein **in der Wohnung des Anderen leben** und erspüren, was der Andere braucht und was einem selber hier fehlt, aber zum eigenen Leben nötig ist. Die Gewohnheiten des Anderen leben, was auf ihn einwirkt und was ihn spiegelt.: die Bilder wahrnehmen, die Kleidung, das Aufstehen, die Essenszeiten, wie der Abend sich gestaltet, den Lieblingsplatz einnehmen, wie es sich in den einzelnen Räumen anfühlt, was man sieht, hört, fühlt. Die alltäglichen Bewegungsabläufe in seinem Raum nachvollziehen, auch die Weise der Bewegung, sei es schnell oder langsam. Auch das in Worte fassen, aufschreiben und später im Gespräch austauschen.

VON DEN DINGEN

Das Wort „Ding“ kommt ursprünglich aus der Rechtssprache und meinte „das Gericht“. In unserer westlichen Kultur sind wir in unseren Räumen **von Dingen umgeben**. Wenn wir zusammen ziehen, so kommt jeder aus einer Welt mit vielen, eigenen Sachen. Die Dinge „umstellen“ uns. Nicht wir haben die Dinge, sondern sie haben uns und können uns übermachten. Weil wir keine wirkliche Verantwortung zu ihnen übernehmen, bekommen sie Macht. Tief innerlich wissen wir um unser Verbunden-Sein mit ihnen aber übersehen, dass sie den Charakter unserer Räume bestimmen. Dennoch haben wir wenig Bewusstsein über die Wirkung der Dinge auf uns.

Wir kaufen ein Buch, wollen es am regnerischen Wochenende lesen. Es kommt aber unerwarteter Besuch und das Buch wandert ungelesen in der Borte. Solche nicht eingelösten Worte und Versprechungen umgeben uns in vielen unserer Dinge. Wir haben sie für einen ganz bestimmten Zweck erworben. Wird der nicht erfüllt, verliert ein Ding seine Würde. Es geht um eine bewusstere und liebevollere Beziehung zu den Dingen. Sonst ist uns ein Ding nur ein Gegen-Stand. Ein Gegenstand steht uns entgegen und schafft Distanz. Wir nehmen ein Ding erst dann „wahr“, wenn wir es „erfassen“. Bis dahin, dass wir das Ding beim Begreifen „wie es selber“ sind. **Gegenstände**

recht zu lieben, mit ihnen eins zu sein, macht nach Goethe den Künstler, den ganzen Menschen aus. Das heißt, wir kreieren den Gegenstand, obwohl er schon da ist. Je verbundener wir mit den Dingen sind, auch wenn es uns ganz unbewusst bleibt, können sie uns in schwierigen Zeiten stärken. Ohne die Dinge würde unser Selbst zerflattern und grenzenlos werden. **Der Umgang mit den Dingen** gibt uns Vertrauen und ein Gefühl von Sicherheit. Besonders wenn es um Gegenstände geht, die aus Seelen-Nähe von uns erworben wurden. Auf einer Reise erworben, sind sie mit deren Gestimmtheit versehen. Dass hat auch seine zweite Seite. So darf man sich fragen, ob sie nicht längst Überholtes seelenlos festhalten oder sogar lebensmindernd zurück wirken. All die uns begleitenden Dinge haben uns und unser Seelenleben miterlebt und bergen Erinnerungen.

DAS ALTE LASSEN

Jeder muss von Dingen loslassen – und damit auch von Altem und vom Vergangenen. Es ist nicht nur der Abschied von den Dingen, sondern auch von der eigenen Vergangenheit. Weil durch das künftige Wohnen etwas Neues zwischen zwei Menschen entstehen wird, kann die Trennung von Dingen das Loslassen von früheren Bindungen unterstützen. Etwas Gewohntes wird schon allein durch die Dauer des Miteinander geliebt. Darum fällt es oft schwer, sich von einem Stück zu trennen. Es ist, als trügen diese Dinge einen Teil des Lebens mit sich fort. Nicht die Dinge einfach „weg tun", sondern sie frei hingeben. Damit schafft man auch „Raum" in sich selber.

Die Dinge selber brauchen in den neuen Räumen auch ihren besonderen Platz. Das fordert heraus, **sich viel Zeit zu nehmen** und möglichst nur schrittweise den Ort zu wechseln. Dann kann man erkennen, was im bis dahin Gewohnten so besonders war. Die uns nächsten Dinge sind meistens die Bilder, die in besonderen Zeiten der Seele uns nah kamen und jetzt ein Sehnen wieder auslösen können, das man bis zum Umzug „übersah". **Der Abschied von solchen Bildern** braucht besondere Muße, weswegen sie zuletzt ihren eigenen Platz bekommen sollten, es sei denn, es ruft eine bestimmte Wand schon jetzt. Später werden in den gemeinsamen belebten Räumen die nun miteinander verbundenen Dinge eine ganz neue Gestalt bekommen. Es bereichert, wenn man im Gespräch austauscht, was sie jetzt für den Einzelnen bedeuten und was sie künftig für Beide sein können.

WENN DER MANN ZUR FRAU ZIEHT

Es ist eine Kunst, sich Raum zu nehmen und Raum zu geben.

Es gibt die Redensart, dass die Frau zum Mann, **nicht aber der Mann zur Frau ziehen solle**. Dieser Gedanke hat seinen Ursprung nicht nur darin, dass der Mann der Raum-Schaffende ist, die Frau dagegen die Seele des Hauses belebt. Wer bei jemandem einzieht, tritt in den „Leib" des anderen ein. Aus ihrem Muttersein heraus ist das der Frau eher möglich als dem Mann. Der Frau ist die Seele ihr eigentliches Zuhause. Zieht ein Mann zur Frau, dann tritt er in den Seelenraum der Frau ein. Wird sein Leben im Reich der Frau unmittelbar erfüllt, lebt er nicht den nötigen Mangel, der ihn antreibt, das Seelische in sich zu erfüllen. Der Mann darf in seinem Leben das Seelische erst erwerben. Der Weg der Frau führt nach „Innen". Der Weg des Mannes ist in die Welt hinaus und auf sich zu. Bedenken darf man, dass ein Mann sehr wohl die weiblichen Anteile in die Partnerschaft bringen kann, es also nicht um die rein äußere Erscheinung geht. Doch es überwiegt das Weibliche in der Frau und damit die leichtere Hingabe an das was ist.

DIE EHE IN ZEIT UND RAUM

„Auf einer Lilie zittern
zwei Tropfen, rein und rund,
zerfließen in Eins und rollen
hinab in des Kelches Grund.“
Friedrich Hebbel

Es bleibt nicht aus, einen Blick auf die Ehe zu werfen, wenn vom Wohnen gesprochen wird. Wohnen, Bauen und die Ehe sind vielfach miteinander verbunden. Durch den Ehevertrag „verdichtet“ sich das Geschehen des gemeinsamen Wohnens, denn die Ehe ist auf Dauer vorgesehen und man steht im Wort zu ihr. Eine Ehe wird geschlossen durch die „Trauung“. Ein schönes Wort für das Wagnis, gemeinsam ins Unbekannte, ins Fremde zu gehen, sich und dem Anderen zu trauen und sich ihm anzuvertrauen. Diese Hinwendung, über sich hinaus zu gehen und ein gemeinsames Ziel zu haben, wird verstärkt durch das „Wort der Trauung“, das der Priester wählt. Es ist der Geist-Impuls, den er aus seiner Einsicht heraus als leitendes Wort dem Paar mit auf den Weg gibt. Horcht man diesem Geschehen nach, dann klingt an, was mit dem „Wort über der Tür“ so ganz ähnlich für das Wohnen gilt. Wenn jetzt prosaisch eine Ehe nur im Standesamt geschlossen wird und die kirchliche Segnung entfällt, möge ein Paar dennoch sich einer „höheren Ordnung“ zuwenden und durch ein Ritual und Wortgebung die Trauung würdigen.

Die Ehe früher

Eine Ehe wurde „vor Gott“ geschlossen. Die Ehe-Schließung, einmal vollzogen, wurde nicht mehr in Frage gestellt. Sie diente dazu, eine Familie zu gründen, die Kinder groß zu ziehen und die äußeren alltäglichen Herausforderungen gemeinsam zu tragen, in gegenseitiger und unmittelbarer Hilfe bei Krankheit und Gebrechlichkeit. Die Kinderzahl war trotz der hohen Kindersterblichkeit groß. Ermüdende Körperarbeit und lange Arbeitszeiten gestalteten den Tag. Gemeinsam war man nur zu den arbeitsfreien

Sonntagen. Man war eingefügt in die Großfamilie und eingebunden in klare gesellschaftliche Strukturen – vom Landarbeiter, Tagelöhner, Handwerker bis hin zu den Adeligen. Das Dorf und die Hof-Gemeinschaft ließen keine individuellen Abweichungen zu. Man moralisierte und grenzte ein, sogar die Städte waren noch übersichtlich und die Familienverhältnisse einsehbar. Der Mann dominierte, die Frau half ihm bei seiner Arbeit und unterstützte ihn. Die Frau hatte zu gehorchen, war verfügbar und sexuell ohne eigenen Willen.

Die Ehe heute

> *„Die äußerst kniffliche Aufgabe zwischen zwei Menschen, wovon der eine viereckig und der andere ein Kreis ist."*
> C.G. Jung

Die früheren Unfreiheiten und Einengungen sind weggefallen. Die Aufmerksamkeit ist nun unmittelbar auf sich und auf den Partner ausgerichtet – auf seine Emotionen, Gefühle und auf seinen geistigen Weg. Ein grosses Wissen um die seelischen Zusammenhänge ist gewachsen. Der uns kollektiv auferlegte Sinn der Ehe, der Menschheit neue Wesen zu schenken und groß zu ziehen, trägt auf Dauer nicht allein. Die Trennung von Arbeitsplatz und Haus löst zudem die sozialen Bande. Die größere Lebenserwartung schenkt zwar freien Lebensraum aber unmittelbar keinen gemeinsamen Lebens-Sinn. Die alten Formen der Ehe sind überlebt. Spätestens nach der Hälfte des Lebens, wenn die Kinder das Haus verlassen und „freie" Zeit gegeben ist, taucht die Frage nach dem Sinn der Ehe auf. Auch für die Ehe wirkt es sich aus, dass die Lebenserwartung nicht mehr nur vierzig sondern gar achtzig Jahre beträgt. Diese spätere, geschenkte Zeit kann unser Leben reicher machen, denn nun ist die Freiheit gegeben, seinen geistigen Weg zu vollenden, das Verbindende zu erkunden und aus der gemeinsamen Zeit der Lust, Freude, Sorgen und Leiden zu schöpfen. Gelingt das, dann entsteht eine Ehe des Eins-Sein.

Noch sind unsere Ehen nicht für Neues vorbereitet. Wir gehen unbedarft in die Ehe und sind wie in eine Leere gestellt, ohne uns dessen bewusst zu sein. Wir werden nicht auf die Ehe vorbereitet. Die Ehe ist ein Geschehen, das es zu führen und zu pflegen gilt. Man muss die Ehe selber und ganz individuell für sich erschaffen. Sie ist ein Werk und braucht dazu auch Werk-Zeug und Einübung in ihre Handhabung. Die früher übliche „Verlobung“ könnte eine neue Form der Ehe-Vorbereitung werden. Wie eine Initiation, in der das Frau-Sein und das Mann-Sein gelehrt und eingeübt wird.

Die Ehe morgen

Sind unsere Ehen zu lang?

Was ist der Sinn, auf Dauer mit einem Menschen zusammen zu leben. Diese Sinn-Frage ist kein abstraktes philosophisches Problem, sondern existentiell. Die Medienwelt gaukelt uns vor, die Ehe würde das große Glück bringen. Dieser Illusion unterliegen wir noch immer, doch muss in dieser Sehnsucht eine Wahrheit liegen. Dazu Worte von Gädeke: „Die Ehe ist nichts Natürliches. Eine Ehe ist eine Kulturtat, die es zu schaffen gilt, an der ich nur Anteil habe, wenn ich sie selber hervorbringe. Wir sind darauf nicht vorbereitet, sie zu erlernen wie man ein Handwerk erlernen muss. Darum geschieht es, dass man meist nicht weiß, warum man verheiratet sein will. Ehe kann nur dann bestehen, wenn eine Sinn gebende Idee verwirklicht werden soll. Die Ehe ist ein Einweihungsweg zu zweit, die Verwirklichung des gemeinsam erkannten Lebenszieles. Eine „einfache“ Beziehung zwischen Mann und Frau gibt es nicht.“

Die Ehe kann den eigenen Weg unterstützen, denn es gibt kein Ich ohne das Du. Jede geistige Entwicklung braucht das Du. Selbst-Werdung als Weg zum Göttlichen braucht die Herausforderung, die Durchdringung und Ergänzung durch das Du, zumindest als Spiegelung, Projektion und in der Akzeptanz des eigenen Schattens.

„Doch alles, was uns anrührt, dich und mich,
nimmt uns zusammen wie ein Bogenstrich,
der aus zwei Saiten eine Stimme zieht.“
R. M. Rilke

Und das ist die Ehe auch: Sie ist nicht etwas, dass man erstehen kann durch Geld oder Auftrag, sondern die Ehe ist ein Kunstwerk und entsteht durch das Leben der Ehe-Partner. Kunstwerk, Schöpfer und Nutznießende sind dann eins als ein gesamtes Kunstwerk, das gemeinsam entsteht und erinnert an die weibliche Seinsweise, wie sie beim Matriarchat beschrieben wurde.

> *„Der Mensch würde gewiss keine siebzig oder achtzig Jahre alt, wenn diese Langlebigkeit dem Sinn seiner Spezies nicht entspräche. Deshalb muss auch sein Lebensnachmittag eigenen Sinn und Zweck besitzen und nicht klägliches Anhängsel des Vormittags sein. Statt Gelderwerb und Familie könnte also Kultur der Sinn der zweiten Lebenshälfte sein."*
> C.G. Jung

Im Laufe der Zeit entsteht in der Ehe ein gemeinsam „erzeugter" Ätherleib, ein drittes Wesen. Diese neue Lebens-Zeugung erzeugt das geistige Kind, nicht mehr das leibliche. Durch die Nähe verbindet man sich auch mit dem „Schatten" des anderen und die Kräfte des Unbewussten auch des Partners werden leichter angeregt. Diesen Herausforderungen ist man dann gewachsen, wenn man sich mit dem gemeinsam Übergeordneten verbindet. Die eigene Identität entsteht erst in der Beziehung, im Opfer des Ich für die Beziehung und für ein transzendentes Gut. Das ist ein alchemistisches Geschehen in der man erfährt, dass die Zwei „eins sind", denn die Ehe ist ein geistiges Exerzitium. Der Eigenweg des Mönches aufs Göttliche hin, ist nicht mehr gangbar. Jetzt ist die Zeit gegeben, wie in der „Zauberflöte" angekündigt, gemeinsam den geistigen Weg „gen Gott" zu gehen. Das erfordert Dauer. In sofern ist jede „Ehe" auf Dauer angelegt.

Das Tao-Symbol von Seite Seite 116 ist ein schönes Bild für die Ehe. Das Polare ist jeweils gleich groß. Gemeinsam sind sie eine Frequenz, eine Schwingung. Wo der eine wächst, nimmt der andere ab. Im Weißen pulsiert der schwarze Punkt, im Schwarzen der weiße – als herausfordernde Anregung dem Anderen. Geht man in der Bildbetrachtung weiter in eine höhere Ebene, dann kann man das flach gemalte Symbol auch räumlich sehen und es schimmert durch jede Fläche der Andere hindurch.

DIE BAUHERRIN

„Hohe Zeiten der Baukunst waren nicht nur groß durch ihre Architekten, sondern auch durch ihre Bauherren, die Großes wollten."
Wolfgang Gessner

Früher gab es verbindliche Baustile, nach denen Paläste und Kirchen gebaut wurden. Fraglos folgte man den geltenden Regeln. Die Wohnhäuser waren sehr einfach und vorrangig nützlich gestaltet, geprägt vom Vorbild der Bauernhäuser und den regionalen Einflüssen. Da es keinen orientierenden Baustil mehr gibt, sind wir stark allen aktuellen Moden unterworfen. Wir fügen uns dann der künstlerischen Freude des Architekten oder verfallen in Selbst-Darstellung. Die Fassaden, die „Gesichter" unserer Wohnhäuser, spiegeln dann die individuelle und allgemeine Lebensgestaltung wieder. Die neue Freiheit schafft Unsicherheit, die verstärkt wird durch die vielen technischen und rechtlichen Bau-Vorschriften, die unterschiedlichen Materialien und die sehr komplizierten Installationen. Auch im Bauen wird dem Spezialisten gehorcht und man delegiert das ganze Baugeschehen dann an den Architekten oder einen General-Unternehmer. Mit der Bau-Herrschaft wird aber auch die Verantwortung für den Bau abgegeben und ein tieferer Bezug zum Haus entfällt. Das ist bedenklich, denn ein Haus hat eine Lebensdauer, die mehrere Generationen umfasst. Die Herrschaft anzunehmen, ist zugleich belebend und heilend für das ganze Baugeschehen.

„Eine Wohnstatt bauen, heißt eine lebenswichtige Entscheidung treffen, denn es ist Welterschaffung."
Mirca Eliade

Jedes Bauen ist trotz aller Maschinen immer noch wie in früheren Zeiten unwägbar, ist archaisch, braucht Kraft und Nerven. Es bedeutet Mut, die Bauherrschaft zu übernehmen, denn sie fordert heraus, selber zu entscheiden. Sie kann im guten Sinne auch formend sein und positiv auf die Persönlichkeit einwirken. Lässt man sich ganz ein, kann das Bauen ein Schritt zur eigenen Individuation sein. So wie das Haus dann wächst, so kann der Mensch ebenfalls mitwachsen.

Weil es während der Vorbereitung und der Planung vorwiegend um technische Dinge geht, werden die Gespräche und Beratungen meistens von den Männer geführt. Die Frau fühlt sich dabei überfordert und nicht wohl. Sich als Herrin zu fühlen, ist ihr fremd. Es will eingeübt sein und fordert heraus, das Weibliche mit einzubeziehen. Die Wortbedeutung von „Frau" wird oft übersehen, obwohl sie ursprünglich die „Herrin" meinte. Somit ist sie von der ursprünglichen Wortkraft her, für ihren Bau auch eine Bau-Herrin. Weil sie als Haus-Herrin eines Tages in dem Haus wirken wird, ist ihre Verantwortung dem Haus gegenüber umfassender als die des Mannes.

So darf und sollte die Frau sich gleichstellen neben den Mann und nicht nur ihre persönlichen Wünsche einbringen, sondern den ganzen Baufortschritt mit verantworten. Sie ist dann bei den Beratungen, Amtswegen, Entscheidungen und Unterschriften dabei. Sie stellt Fragen zur Konstruktion und erspürt die Wirkung der Materialien in ihrer Weise. Sie betont die feinstofflichen Wirkungen. Sie entwickelt und fügt Rituale auch schon in die Planungsphase ein. Sie ist unmittelbar mit dem Baugeschehen verbunden und weniger in Selbstdarstellung befangen. Aus der Ruhe ihrer weiblichen Kraft heraus kann sie vermitteln und Spannungen ausgleichen. Weil sie mehr Zeit braucht, bedeutet es, frühzeitig mit dem Planen zu beginnen. Es braucht ihren Mut, in weiblicher Weise in die Bau-Herrschaft zu gehen. Warten, reifen lassen, Innehalten vor einer Entscheidung können als hemmend erscheinen. Weil Bauen aber ein Wachsen ist, kann ihre Weise die Kraft der Zeit würdigen.

DIE HAUSHERRIN

> *„Eine erstklassige Suppe kann kreativer sein als ein zweitklassiges Bild."*
> Abraham Maslow

Als Mann das Thema der weiblichen Kraft anzurühren, fordert nicht nur die lesende Frau heraus, sondern auch mich beim Schreiben, besonders wenn ich mich jetzt dem delikaten Lebensbereich der Hausfrau zuwende. Das Wirken und das Werk der Hausfrau mache ich zum Einstieg dadurch offenkundig, wenn ich das „Nähren" beschreibe. Die Speise will bedacht sein, die Lebensmittel ausgewählt und gekauft, das Kochen überwacht, der Tisch gedeckt, die vorgesehene Zeit eingehalten, das Geschirr dann gespült und zurückgestellt, alle Dinge geordnet, die Krümel vom Boden gefegt. Jetzt sieht alles so aus wie vorher, als sei nichts geschehen. Es sind diese ständig sich wiederholenden Kreisläufe des Tages, die ihr Leben im Haus bestimmen. Die schon erwähnte Wortauslegung der „Frau als Herrin" könnte als Hohn betrachtet werden, wenn sie täglich aufräumen, ordnen und reinigen muss, während vielleicht der Mann in seiner Werkstatt zur gleichen Zeit am Marmor arbeitet und eine Idee in die Materie meißelt. Seit der Industrialisierung gilt das Fassbare, das Machbare, das Produkt als Maßstab für den Wert einer Arbeit und wird in Geld gemessen. Für die Hausfrauenarbeit gibt es keinen Kaufwert, also auch keine aus sich heraus selbstverständliche Wertschätzung.

> Kochen, Backen, Gären und das Feuer hüten
> sind die Ur-Mysterien des Weiblichen im Verwandeln der Materie.

Das Wissen, einen Haushalt zu führen, wurde von der Großmutter, zur Mutter, zur Tochter weiter gegeben, instinktiv aus den Kräften der Vergangenheit heraus. Tief innerlich lag darin auch die spirituelle Kraft der Nahrungsbereitung und der Pflege des Anwesens. Diese eher mystische Wirkweise wurde im Zeitalter des Materialismus aufgegeben und das Tun im Haushalt rationalisiert. Ich möchte dem Einerlei der Hausfrauen-Arbeit, diesem ständigen Sich-Wiederholen ihren höheren Rang geben. All ihr Wirken manifestiert sich nicht in einem Bau oder einem Kunstwerk, sondern wird immer wieder ausgelöscht, bleibt im Unsichtbaren, ist ein Mit-Erleben und hebt sich immer wieder auf. Es geschieht vorrangig in der Zeit – und Zeit ist nicht sichtbar. Das Tun als heiliges, in sich heilendes Tun, ist nicht zielgerichtet – aber ganz gegenwärtig. Die Abbildung auf Seite 31 zeigt diesen Kreislauf. Es ist kein gradliniger Weg sondern eine Bewegung des Seins.

> *„Es ist die Gabe der Frau, die Stimmung im Haus, den nicht sichtbaren Gefühlston zu schaffen. Besonders für die Kinder, um in einem Vertrauensraum aufzuwachsen. Das ist wirksamer als jede Pädagogik."*
> M.L. von Franz

An dieser Stelle möchte ich einen Bogen spannen, als ich von der Wohnung als dem Tempel der Zukunft sprach, bis hin zum künftigen Wohnen. Wohnen ist das Leben in Räumen und wird gestaltet von der Hausfrau. Früher war Dienen etwas Edles, stand in hohem Wert und hatte priesterlichen Rang. Diese innere Hinwendung schuf mit jedem Handanlegen eine geistige Qualität. Energetisch gesehen, floss das Feinstoffliche ins Handeln ein. Nicht sichtbare Kräfte konnten sich einschmiegen. In der Natur spricht man dann von Naturgeistern, die mitwirken wollen am großen Dienst an der Erde. Doch auch im Hause wirken Geisteskräfte. Das sind mithelfende Kräfte, die aus dem Dienen entstehen. Die Versachlichung nahm der Hausfrauenarbeit ihre Würde und ihren Glanz und damit die strahlende Mitwirkung der unsichtbaren Helfer.

Das Leiden der Hausfrauen entstand, als ihre Arbeit am „sichtbaren" Tun des Mannes gemessen wurde. Die Kulturtat der Hausfrau ist das Tun als Seins-Erfahrung und es vorbildhaft zu leben. Es ist nicht als Scherz gemeint, wenn ich die Hausfrau als die große praktizierende Geomantin bezeichne. Sie reinigt, ordnet Chaos, gibt Freude, Sicherheit, Vertrauen und erhöht die Materie, besonders durch die Nahrung. Sie gibt der Zeit ihren würdigen Gehalt, wenn sie die Tage von innen heraus gestaltet. All das erinnert daran, was wie ich beim Matriarchat beschrieben habe. Die ständige Wiederholung der scheinbar so banalen Dinge, in innerer Hinwendung vollzogen, bringt Kraft in die Räume. Rituale und rituelles Tun sind dabei die Zauberworte einer spirituellen Hausarbeit. Das geht über das rein nützliche Handeln weit hinaus in ein dienendes Tun.

Die Schönheit und Reinheit der Räume ist Tempel-Dienst.
Die Hausfrau ist die Priesterin im Haus.

Jede Handlung kann zum Ritual werden, vom gemeinsamen Essen bis hin zur Würdigung der Zeiten. Auch das Reinigen. Dabei geht es nicht um sterile Ordnung und Sauberkeit, sondern um Reinheit, die vom Geist geführt wird. Die Aura der Wohnung und des Hauses wird rein, wenn die Hausfrau ihr Tun in einem anderen Licht sieht und lebt. Das immer wiederholte Aufräumen im Haus ist ein Ordnungsgeschehen, stützt und orientiert die Familie. Ordnen ist auch heilen. Die Natur an sich ist heil. Der Mensch aber greift immer wieder in ein Gefügtes ein, stört und zerstört eine Einheit. Heilendes Ordnen ist ein sich Einfügen in eine höhere Ordnung. Dann wird die Hausfrau ſrei vom Bild der traditionellen Rolle und das Geschehen im Haushalt kann für sie Teil ihres geistigen Weges sein.

Alle Taten der Hausfrau greifen in die Materie ein
und sind Wandlung.

Die Früchte der Natur werden in ihrer Kraft erst gegen-wärtig durch das liebevolle Vorbereiten der Nahrung. Die Hausfrau wirkt nicht nur mit den Produkten der Natur. Sie nähert sich im Pflegen auch den Stoffen und Materialien. Sie ist Mittlerin zwischen den Elementen und den Menschen – der Wärme, dem Licht, der Natur. Materialien existieren nicht an sich, sie sind erst gegenwärtig, wenn die Herzenskraft in die Hände fließt. Man spricht zu Recht von einer Kochkunst. Kochen ist mehr als nur ein Essen zu bereiten. Es ist feinstofflich gesehen eine energetisch erhöhende Verwandlung der Materie. Kochen ist wie die Kunst der Bekleidung eine der großen Kulturtaten des Menschen. Speisen bereiten ist mehr als die Esslust und das Genießen, sondern auch Ausdruck einer ursprünglichen Freude am Feuer, diesem einzigen Element, das der Mensch erzeugen kann.

Das Zuhause wird zum Kulturträger des Menschen.

Die Hausfrau ordnet auch das Zeit-Geschehen. Sie schafft Verinnerung und Verlässlichkeit, die wohltuend wirkt gegen das Tempo der Technik, das Chaos erzeugt. Der Umgang mit den Dingen, das in die Hand Nehmen, macht die Dinge zu Wesen. Ein so „gepflegtes" Haus gibt Raum und Impuls für künstlerisches Sein. Kunst erhöht die Kraft eines Raumes und Ortes, weil sie von höheren Energie-Ebenen in die Materie einfließen lässt.

In einem Zuhause ist Alles vereint: Ort, Zeit, Rhythmus, leibliche, seelische und geistige Bedürfnisse, Ernährung, Hygiene, Hilfestellung, das Mütterliche und Väterliche, Kreativität, Rituale, Individuum sein und zugleich Teil einer Gemeinschaft. All das weist auf die Vielseitigkeit des Wohnens hin und ist fern der nüchternen, männlichen Arbeitsteilung. Die Hausfrau lebt im Zentrum ihres Tuns und die Teile ihrer Arbeit bilden ein Ganzes. Sie verbindet Geist, Seele und Materie. Die Geborgenheit im Wohnen nährt unser tiefes Sehnen nach der Ur-Einwohnung im Mutterbauch. Es ist die mütterliche Wärme, die wir suchen. Je mehr eine Frau in ihrer Weiblichkeit geborgen ist, umso innerlicher wird die Umhüllung, die sie den Menschen als „Wohnung" schenken kann. Die Wiederholungen und das Verschwinden des Tuns ins Nicht-Sichtbare ist fern eines dinghaften Zieles. Die tiefe Sinnhaftigkeit ihres Tuns bedarf der Weisheit des inneren Lächelns. Das Lächeln Buddhas. Weil das wahre Sein unsichtbar ist, weil es der Äusserung nicht bedarf, weil es in sich selber heilig ist. Das zu erkennen und die Herausforderung anzunehmen ist ein geistiger Weg auf dem wir bisher keine spirituelle Führung haben, es sei denn im christlichen Wort „Ich Bin". Im Tun des Haushaltes kann Selbst-Verwirklichung entstehen – und die Kraft des Humors.

Die scheinbare Sinnlosigkeit des sich ständig wiederholenden täglichen Kreislaufes grenzt an das sinnlose Tun der Helden in den Romanen von Albert Camus – die dennoch weiter machen. Doch kann die Hausfrauenarbeit aus spiritueller Sicht einen hohen Wert bekommen. Wie in der Natur der Weg des Samens das Sprießen, Wachsen und Welken ist, so hier das Schöpfen, Gestalten und Zerstören – und danach wieder das Schöpfen usw. Der Lebens-Ausdruck des Mannes ist der „Raum". Im Raum kann man sich „frei" bewegen und lässt zur Bewegung frei. Die Zeit dagegen ist „gebundene" Bewegung und dadurch eine Unfreiheit des Weiblichen, die Bindung an die Zeit. Die Hausarbeit zwingt zur Wiederholung und rührt auch dadurch Widerstände unterschwellig an. Darum sprach ich zuletzt vom Humor, denn der erkennt eine höhere Sinnhaftigkeit und macht weiter. In dieser Schau kann auch der Mann seine weibliche Hingabe im Haushalt einüben.

VOM ORT, GRUNDSTÜCK UND GARTEN

DEN ORT ERKENNEN

„Die Stadt der Geburt hängt dem Leben als etwas ebenso Einzigartiges an wie die Herkunft von der leiblichen Mutter."
Albert Einstein

Die Räume zum Wohnen werden vom Haus umhüllt, das in einem Garten liegt, an einer Straße und in einem Ort, der von einer Landschaft umgeben ist. Geht man aus und kehrt zurück, dann ist es wie Aus- und Einatmen. Ein Ort hat in der weiten Landschaft seinen ihm ganz eigenen Platz gefunden. Der Impuls ihn zu gründen, ist wie eine geistige Lebensausrichtung im Zeugen und Gebären. Danach das langsame Wachsen. Seine individuelle Ausprägung erfährt er durch die Dauer und die Geschehnisse, denn er hat eine Entwicklung und eine eigene Geschichte. Schon diese Aufzählung weist hin auf eine ungewohnte Weise der Wahrnehmung, den **Ort wie ein Wesen** zu betrachten und mit ihm wie mit einem Wesen zu kommunizieren.

Man lebt nicht zufällig an einem Ort. Es entsteht eine energetische Verbindung, die stärkend oder auch herausfordernd sein kann. Über die Beziehung zum eigenen oder künftigen Wohnort habe ich umfassend im Buch „Orte heilen" geschrieben. Hier möchte ich mit wenigen Worte anregen, eigene Erfahrungen zu machen, um eine Seelen-Verbindung zum Ort zu schaffen. Die persönlichen Fragen können dabei sein: Warum lebe ich an diesem Ort? Was hat mich hergezogen? Was ersehnte ich? Wo stößt er mich ab? Wozu fordert er mich heraus? Worin unterstützt er mich in meiner geistigen Entwicklung? Was spiegelt er mir? Welche Fähigkeiten regt er an und unterstützt er?

Es gibt verschiedene Zugänge, den Ort zu erkennen. Beginnend mit dem **geologischen Aufbau** und der Art des Bodens. Dann die Gestalt der Landschaft, ihre Ebenen, Täler und Höhen, ihre Geländebrüche und energetisch leeren Bereiche, die Einschnitte und unbegangene Naturbereiche.

Den Zeitpunkt der **Gründung** und den Impuls zur Gründung erspüren. Die Ausdeutung des Ortsnamen, des Wappens, der Name der Kirchen und die Geschichte des Ortes mit ihren besonderen Ereignissen können Wesentliches offenbaren. Ebenso die zeitliche Entwicklung der Ortsgestalt anhand alter Pläne und der energetischer Bezug zu benachbarten Orten. Gibt es eine „Mitte“ des Ortes und wie ist sie gestaltet?

Die Wirkung der **Elemente** darf man einbeziehen und fragen, was überwiegt oder fehlt.
Die **Erde** durch Sand, Humus, Ton, Moor, Felsen, Bäume und Bepflanzung.
Das **Wasser** durch See, Fluss, Bach, Kanal, Uferlandschaft oder gar überbautes Wasser.
Die **Luft** durch die vorwiegende Windrichtung und was in den Ort hinein getragen wird.
Das **Feuer** durch die Ausrichtung nach der auf- und untergehenden Sonne.

Welche **Lebensqualitäten** lassen sich in Worten ausdrücken wie: Ruhe, Klarheit, Frieden, Ordnung, Schutz, Lebendigkeit, Gemütlichkeit, Tradition, Genuss, Trauer, Harmonie, Schönheit, Sicherheit, Kraft, Eros usw.

Kulturelle Bereiche die den Ort bereichern können: gibt es ein geistiges und musisches Zentrum. Hochschulen, spirituelle Bereiche, energetische Kraftpunkte, Kirchen, besondere Bauten, Denkmale?

Wirkung der Zivilisation durch Straßenbahn und Eisenbahn, Bahnhof, Straßenführung, Tunnel, Autobahnzufahrt, U-Bahn, Einschnitte und Auffüllungen im Gelände, Kanalisierung.

DAS GRUNDSTÜCK WAHRNEHMEN

„Die Erde will immer Kinder haben. Häuser, Blumen und Bäume, die aus ihr wachsen und die Vermählung der menschlichen Seele mit der Großen Mutter bestätigen“
C.G. Jung

Das erworbene Grundstück wird zu einem Stück Land, das nun zu eigen wird, zum Eigentum. Es wird sich verbinden mit den Eigen-Arten und Ge-Wohnheiten der neuen Besitzer und ein anderes Wesen werden. Auch das Grundstück hat eine Vergangenheit. Wenn es unberührt war, spricht die Erde unmittelbar. War es benutzt, so hat es Einprägungen vom vorherigen Inhaber oder es war sogar schon bebaut. Dieser Vergangenheit darf man nachhorchen und dem Stück Land ebenfalls wie einem Wesen begegnen in der Frage, wozu es künftig dienen möchte und was es braucht.

Die **Erfahrungswege** können sein:
Den Geist des Grundstückes erspüren.
Auf dem Grundstück schlafen, möglichst zu verschiedenen Jahreszeiten.
Kontakt zur Erde und den Bäumen aufnehmen.
Das Geheimnisvolle und das Ungestaltete schätzen und ermöglichen.
Die vorhandene Natur, das Unberührte und Wilde würdigen.
Früh schon den nicht begehbaren Bereich finden, schützen und hegen.
Zwiesprache mit Bäumen, die gefällt werden müssen.
Die einzelnen Himmelsrichtungen wahrnehmen.
Das Grundstück eigenhändig einmessen und durch Eckpfosten als eigen markieren.
Dabei Kontakt zu den künftigen Nachbarn schaffen.
Hören, was auf dem Grundstück schon geschah.
Gemeinsames finden und dadurch die Grenze zur „Einfriedung“ machen.
Erst zum Schluss mittels Radiästhesie das Grundstück „messen“.
Dem Grundstück eine Gabe geben.

DEN GARTEN WÜRDIGEN

Ein Haus ohne Garten ist kein Heim.

Aus dem Raum der Natur wird der Raum des Hause entnommen. Darum will das Haus künftig in der Natur wie eingebettet sein und sich mit ihr aussöhnen durch liebevolles und verschönendes Gestalten – durch den Garten. Er ist der Übergang zur „wilden" Natur oder eine wohltuende Abwehr gegen schädigende Einwirkungen von außen. Das Haus soll die künstliche und künstlerische Ergänzung der Natur sein, die künftig das Haus umgibt. Dann wirkt das Haus zum ausgleichenden Element zwischen Mensch und Natur und vervollständigt den natürlichen Raum. Es macht die Natur vollkommen, wenn es das Sehnen des Menschen nach Schönheit und Eins-Sein erfüllt. Darum darf der architektonische Entwurf des Hauses nicht auf das Innere beschränkt sein, obwohl das Sehnen nach Innen drängt.

Der Garten ist als Übergang zur Natur bedeutsam und möchte auch spirituell erfasst und gestaltet werden. Durch das Bauwerk kann die geschaffene Natur eine größere Vollkommenheit bekommen, wenn der Garten die Idee des Hauses spiegelt. Dieses Wechselspiel von Kultur und Natur verlangt, schon früh in die Planung des Hauses den künftigen Garten mit einzubeziehen. Es gibt dazu auch einen banalen Grund. Oft sind nach dem Bau des Hauses nicht mehr die Kraft und das nötige Kapital vorhanden, um den Garten zu „bestellen". Er wird dann zum Stiefkind.

Der Garten, das Haus und die Zuwegung schaffen eine Dynamik der Gegensätze im Spiel von Innen und Außen. Der Weg von der Straße zum Eingang des Hauses sollte nicht unmittelbar und gradlinig sein, sondern sich in den Garten„einschmiegen". Dann wird die Annäherung zum Haus heiter und belebend, ist Einladung, dann ein Verharren, biegt leicht ab, ist dann gradlinig und wieder innehaltend, danach aber eindeutiges Ankommen – ein „wahrer" Weg. Im Buch „Energetische Raumgestaltung" und „Die Kraft des Übergangs" ist zum Grundstück und zum Garten dieses Thema erweitert.

DAS HAUS PLANEN

Die Idee und der Wille, das ist das Planen.
Tun und Verwirklichen, das ist das Bauen.
Sein und Beleben, das ist das Wohnen.

So banal es klingt, sowohl der Mensch wie auch das Haus entstehen langsam und sind nicht plötzlich vollendet da. Es gibt einen tieferen Bezug zwischen dem Haus und dem Menschen. Die persönliche Entwicklung und die Verwirklichung des eigenen Hauses können sich ergänzen. Das Wachsen eines Hauses, kann den geistigen Weg bereichern und unterstützen. Dem Haus liegt ein Plan zu Grunde, der Wünsche für die Zukunft verwirklichen soll. Auch für jedes Leben gibt es ebenfalls einen „Plan", den wir nicht unmittelbar erkennen können, wohl aber erahnen. Die Wechselbeziehung zwischen dem Planen eines Hauses und dem eigenen **Erkenntnisweg des Bauenden** ergibt eine Würde, die weit über das nur Nützliche hinausgeht. Sind Haus und Mensch mit einem übergeordneten Prinzip verbunden, entwickelt das Haus einen ganz persönlichen Charakter und spiegelt den Bewohner. Wenn im Laufe der Zeit das Haus altert, wächst sein Wesen ins Menschliche hinein und belebt die Bewohner.

Bauen ist Wachsen.

In den vorherigen Kapiteln habe ich durch Worte **herausgehoben**, was dem weiblichen Planen, Bauen und Wohnen dienlich sein kann. Die nun folgenden Hinweise fasse ich bewusst in kurze Worte, weil ich sie als Anregungen verstehe und um dem individuellen Ausdeuten genügend Raum zu geben. Damit ein vollständiges Bild entsteht, füge ich Hinweise hinzu, auch wenn sie nicht ausschließlich die weiblichen Prägungen haben. Im Buch „Energetische Raumgestaltung" habe ich zum „Feng Shui" Vergleiche zur östliche Wohnweise dargestellt, die unser Thema bereichern können. An dieser Stelle muss ich noch einmal betonen: wenn ich vom Weiblichen spreche, meine ich nicht nur die Frauen, **sondern spreche zugleich auch die weibliche Seite im Mann an**.

Jeder künftige Bewohner führt ab jetzt ein **Log-Buch** bis hin zum späteren Einzug. Das Wort ist aus der Seefahrt übernommen, weil im Ozean kein Ufer den Ort angibt, sondern zu den Sternen geschaut wurde, um zu wissen, wo man sich befindet. Ein solches Logbuch des Bauens enthält das Wichtigste des inneren und äußeren Geschehens. Alle Wünsche, Erwartungen, Vorstellungen und ihre Enttäuschungen – es ist wie ein inneres Gespräch mit dem künftigen Haus. Enthalten sind auch die Gründe, warum das Grundstück gewählt wurde, die Wahrnehmungen aus gelebten Ritualen, der Bezug zu den einzelnen Räumen, Materialien und Farben... alles was bedeutsam wurde. Es ist entsteht eine Art spiritueller „Energiepass", der einem nachfolgenden Bewohnern dient, die Geschichte und die Seele des Hause zu erlauschen. Diese Anspielung auf den wärmetechnischen Energiepass soll hinweisen auf den"geistigen" Wert eines Hauses.

Gemeinsam wird nach dem **„Wort"** gesucht **und** dem **Symbol**, die eines Tages **über der Tür** stehen sollen. Die Tür ist die Stelle im Haus, wo die ein- und ausfließende Energie am intensivsten „informiert" werden kann. Das gefundene Wort und Symbol geben wieder, was als das gemeinsam Übergeordnete erkannt wurde und ist die spirituelle Ausrichtung, wozu das Haus und das Wohnen dienen sollen. Die „Arbeit" an diesem Wort, das natürlich als Satz gemeint ist, bündelt die Energien der Familie und macht gegenseitig offenkundig, was die eigene und gemeinsame Lebenserfüllung ist.

Die Planung fordert heraus, sich besser zu erkennen, weil für das Wesensgemäße gebaut wird. Das wird **innere Prozesse,** Gefühlsebenen und auch das Unbewusste anregen. Darum sollte man sich in dieser Zeit dem inneren Geschehen zuwenden, sei es durch Träume, Meditation, Rückschau auf die Vergangenheit oder Biografiearbeit. Das Planen eines Hauses weist auf die Zukunft hin, regt die Vergangenheit an und fordert auf, zu erspüren, **wofür wirklich gebaut wird.**

Herausfordernd ist **die unterschiedliche Kommunikation.** Der Mann darf die „ahnende Wahrnehmung" der Frau akzeptieren und ihr Raum und einen Wert geben. Es ist für beide Seiten herausfordernd. Schwer kann es mancher Frau werden, aus der „Sprachlosigkeit" des Ahnens, die richtigen Worte zu finden. Der Mann ist aufgerufen, ihre Weise des Ausdruckes zu würdigen und durch die Worte hindurch zu fühlen. Er erlebt dann oft seine eigene Begrenzung. **Die große Kunst des Hörens** darf eingeübt werden. Horchendes Hören will gelernt werden. Wer spricht, weiß was er sagen will. Ein Hörender nimmt noch vieles andere wahr. Er ist offen und weit, sieht die Gesten und empfindet auch durch den Klang der Stimme. Wenn Frauen dagegen in männlicher Weise zu rational sprechen und argumentieren, wirkt es „kalt" auf den Mann und er wird gereizt reagieren. **Weibliches Planen** bedeutet, durch Meditation, Träume und „Innere Reisen" das innere Sehnen anzurühren. Was an Bildern auftaucht, möchte sinnlichen und körperlichen Ausdruck finden, sei es in Ton, Farbe, Tanz, Bewegung oder Legen von Collagen usw. Das dadurch sichtbar Gewordene wird mit dem Licht des Bewusstseins angesehen und in Worte gefasst, um den Inhalt „klarer" zu erfassen und später dem Partner mitgeteilt. Das gemeinsame Erkennen erschliesst neue Bereiche. Das innerlich Erkannte drückt sich in Symbolen aus und braucht zum Erkennen feinste Intuition und viel Zeit. Was erkannt wurde, zuerst ruhen lassen und erst später Entscheidungen fällen. **Der Intuition vertrauen,** auch schon Entschiedenes noch einmal in Frage stellen. Statt zu denken, dem Fühlen mehr Raum geben.

Sich als Bauherrin einbringen und Verantwortung übernehmen, auch durch Teilnahme an ihr ungewohnten Planungsgesprächen, an Vertragsgestaltung und an Kostenschätzung.

Chaos als Teil des Planens und Bauens **akzeptieren.** Bauen ist trotz aller Techniken und Maschinen dennoch archaisch. Immer wieder **Inne-Halten** und nach Innen horchen. Nicht den Anspruch stellen, perfekt zu Ende zu planen, sondern offen sein für das noch Unbekannte, im Mut zur Veränderung. Auch schon Festgelegtes wieder vor das „innere Auge" halten.

Die Wirkungen der Zeit verstärken. Ganz früh anfangen zu planen und dennoch geschehen lassen. Planen als Prozess erkennen durch Dauer, Chaos, Pause und Neu-Orientierung. Warten und immer wieder Pausen machen und nach innen horchen. Die kritischen Phasen des Mondes berücksichtigen, den Voll- oder Neumond und auch den halben Mond. Den richtigen Zeitpunkt für Entscheidungen erahnen. Hoch-Zeiten innerhalb des Tages und die energetischen Qualitäten der Wochentage einbeziehen. Vor einer

Entscheidung eine Pause einlegen, darüber schlafen und die Träume einbeziehen. Das nur Nützliche, Wirtschaftliche und die Fragen nach den Kosten immer wieder einmal „ruhen“ lassen.

Handlungen und Entscheidungen durch **Rituale** verfeinern. Das ganze Geschehen vom Planen und Bauen bis hin zum Wohnen immer wieder als Ritual ausleben.

Ein oft übersehener Schritt in der Wahrnehmung sind **Nach-Klang und Nach-Bild.** Deswegen sollte man nach einer konkreten Wahrnehmung mindestens „eine Nacht“ schlafen. Es werden dadurch Erinnerungs-Kräfte in uns wachgerufen, die jenseits der bewussten und auch der intuitiven Wahrnehmung wesentlich sein können. Das hat mit der „Verdauung“ all der vielen Sinnes-Herausforderungen zu tun, dem Wirrwarr aller anderen Eindrücke. Die Zeit soll das Wesentliche herauskristallisieren. Dann noch einmal den offenen Fragen nachgehen. Bei wichtigen Entscheidungen möglichst eine Woche vergehen lassen.

Bevor ein Architekt beauftragt wird, die Idee des Hauses **in Ton gestalten,** ohne schon wissen zu wollen, ob es machbar ist. Erst danach die Räume phantasieren und eigene Skizzen machen. Die Pläne des Architekten enthalten **„Entwürfe“.** In der Fachsprache gibt es auch den Begriff „Vorentwurf“ und deutet auf ein wachsendes Geschehen hin. Man darf dem Wort nachhorchen, denn ein Entwurf meint ursprünglich „Werfen und wieder Aufnehmen und erneut Werfen“. So warf man früher Stäbe, um aus ihrer Form eine Weissagung für die Zukunft abzulesen.

Mut zu Veränderungen, da nicht nur für Frauen die abstrakten Zeichnungen schwer zu erfassen sind. Die ersten Plan-Skizzen und **Pläne des Architekten meditativ erfahren.** Sie nachvollziehen mit weichen und farbigen Kreiden, um die „intellektuelle“ Härte des Striches aufzuheben, der zudem meistens per Computer gezeichnet ist. Die Räume in innerer Vorstellung durchwandern. Die Flächen der Räume intuitiv farblich ausgestalten und danach ihre seelische Aussage erspüren. Die **endgültigen Pläne** „segnen“.

Die Sinnlichkeit einbeziehen. Bauherrin und Bauherr können im Gespräch mit dem Architekten ein weiches oder ein hartes Material in den Händen halten. Das unterstützt das **„Begreifen“**, auf einer feinstofflichen Ebene. Aus dem Entwurf heraus sich **Modelle des Hauses eigenhändig bauen.** Das kann aus Ton, Gips oder auch in Pappe sein. Es geht dabei nicht um Perfektion sondern um sinnliche Wahrnehmung. Die vorgesehenen **Bau-Materialien** selber einmal in die Hand nehmen und körperlich erspüren.

Die Lage und große **Bedeutung der Küche** überdenken und ihren Bezug zum Garten.

Wenn erste Pläne erstellt sind und dadurch Räume eine imaginative Gestalt bekommen, kann man die Räume für sich sinnlich auf dem Grundstück erfahrbar machen. Zu Anfang den **Gebäudeumriss durch Pfosten markieren.** Es ist sinnvoll, dieses erste Einmessen selber zu vollziehen. Innerhalb des imaginären Grundrisses kann man sich niederlassen und erfühlen, wie der jeweilige künftige Raum wirken wird. Das vollzieht man innerhalb eines solchen Raumes an verschiedenen Stellen und gibt dabei seine Aufmerksamkeit auch nach außen, um den Bezug zum Garten und zu den Himmelsrichtungen zu erspüren. Später kann man durch ein leichtes Gerüst **den ganzen Baukörper in seinen Ausmaßen sichtbar machen**. Das habe ich in der Schweiz gesehen und war sehr eindrücklich.

GEMEINSCHAFTLICH LEBEN

In der Geschichte des Bauens hat es eine besondere Zeit gegeben, in der ein gemeinschaftlicher Wille und gemeinsames Tun große Bauwerke in einer Woge der Begeisterung schufen. Es war die geistige Umbruchzeit, als in die christliche Lehre die Muttergottes einbezogen wurde und die wunderbaren gotischen Kathedralen der „Maria“ zu Ehren gebaut wurden, durch eine Schaffensfreude, in der sich Steine in Gefühl verwandelten. Ich betone **das Gemeinschaftliche** in der Hoffnung, es möge **als weibliche Kraft** sich tiefer in unseren Siedlungen verwirklichen, statt in all den gebauten Selbst-Darstellungen. In Beratungen erkenne ich den wachsenden Wunsch, neben dem individuellen Rückzug auch das Gemeinschaftliche zu leben. Dabei wird es mehr um die „Geistige Familie“ und um Orts-Gemeinschaften gehen, die den spirituellen Aspekt betonen.

Dazu erste Anregungen: Neue Siedlungsformen entwickeln. Ideen im Team durch Brainstorming finden. Das „Mütterliche“ meint auch das Kollektive, das Gemeinschaftliche. Sich einem Größeren verantwortlich fühlen. Wahl-Verwandtschaften bilden aus jung und alt. Eigene und Gemeinschaftsküche und Dorfplatz. Gemeinsame Gebäude: Großraum, Backhaus, Bibliothek, Sanctum, Kinder-Haus. Jahresfeste einfügen. Eine strukturlose Struktur im gemeinsamen Leben schaffen, in einem offenen demokratischen System. Austausch von Fähigkeiten. Gemeinsames Arbeiten. Verbunden mit anderen Gemeinschaften und „Dörfern“ Eigene Schule, freies Unterrichten.

DAS HAUS BAUEN

„Früher war der Bau eines Hauses die Schaffung einer eigenen Welt nach dem Idealbild der göttlichen Schöpfung des Universums. Das Haus stellte die Wiederholung des Kosmos dar und war zugleich Heiligung.“
Mircea Eliade

Mit dem Baubeginn kommt die Zeit, in der Ideen und Pläne verwirklicht werden. Bauen ist ein starker Eingriff in die Natur und in die Materie. Ist ein ständig Werken und vorrangig männlicher Natur, in der selbst ein Bauherr nur wenig tätig werden kann. Die Bau-Herrin und der Bau-Herr aber werden zu ganz neuen Erfahrungen herausgefordert. Durch die Begegnung mit den unterschiedlichsten Materialien und Techniken, Konstruktionen und Maschinen, mit Lärm, Chaos und Staub. Viele fremde Menschen wirken auf der Baustelle. Auch in unserer Zeit ist das Bauen immer noch archaisch, unwägbar und voller Überraschungen. Weil das Tun vorherrscht, ist nun der **Mann als Bauherr** besonders herausgefordert, **das Weibliche seines Wesens** zu leben. Die Materie und das Wirken bekommen jetzt ein Übergewicht und verlangen nach dem Ausgleich durch die weibliche Kraft. Darauf möchte ich das Augenmerk richten und die Möglichkeiten darstellen, die eine Bauherrin hat, um das entstehende Bauwerk zu beseelen.

Ein sehr beschäftigter Architekten erzählte mir von einem Bauwerk, bei dem er auch die Bauleitung übernahm. Er war häufiger als üblich auf der Baustelle und durchgehend froher Gestimmtheit gewesen, mit viel **Kontakt zu den Handwerkern.** Noch nie sei ein Bau so gut gelaufen, nie habe ein fertiges Bauwerk so wohltuend gewirkt. Das machte mich aufmerksam und mir bewusst, dass die Handwerker auch früher nicht die ihnen zustehende Würdigung ihrer Arbeit fanden. Ein Bau, bei dem sie seelisch mit einbezogen werden, bekommt eine ganz andere Stimmung, besonders wenn sie um die Idee des Hauses wissen. Die Bau-Herrin sollte immer wieder auf der Baustelle sein und durch kleine Bewirtungen **Pausen** einlegen, durch die Gespräche entstehen und ein soziales Gefüge schaffen. Ihr Nachfragen, wie die Materialien und die Arbeitsweisen wirken, schafft Würdigung. Bei den großen Anlässen wie dem Richtfest sollten auch die Angehörigen der

Handwerker mit eingeladen sein. Das verbindet die Arbeitsstätte der Handwerker mit ihrem eigenen Haus und verstärkt ihre Beziehung zum Werk.

Durch die Hände „begreifen" wir die Welt, durch das Werk der Hände strömt vom Herzen her Kraft in das Gestaltete ein und wirkt stärkend zurück. Das meint das Wort Handwerk im Ein-Wirken. Aber nicht nur die Handwerker auch **die Bau-Herrschaft sollte** immer wieder **„Hand anlegen"** und sei es nur, um das Gewicht eines Steines zu erspüren und sich vom tieferen Wesen eines Baustoffes durch Riechen, Fühlen und Greifen einen „Begriff" zu schaffen. Die Baustoffe sprechen über die Hände ihre stumme Sprache. Je mehr zwischen Werkstoff und Bauwerk die Maschinen trennend einwirken, umso mehr sollte ein unmittelbarer Kontakt hergestellt werden. Es gibt viele Tätigkeiten, bei denen auch die Bauherrin einwirken kann: Die Farben der Räume erspüren, Lehmwände selber verputzen, die Farben eigenhändig auftragen usw.

In der Zeit des Bauens ergeben sich viele Möglichkeiten, die Materie zu „vergeistigen". Ich meine damit die Erhöhung durch Pausen, Inne-Halten und besonders durch **Rituale.** Es werden immer seltener die früher so selbstverständlichen Baurituale ausgeübt. Die Grundsteinlegung oder das Richtfest sind die einzigen uns noch vertrauten Rituale. Dabei ist das Bedürfnis nach Ritualen größer als uns bewusst ist. Während das Haus wächst und zu einem eigenen Wesen wird, kann auch die Verbindung zum künftigen Lebensort und dem Haus mitwachsen. Es sind nicht nur die geistigen Impulse, die dem Haus gegeben werden. Durch die Rituale entsteht ein körperlicher, sinnlicher Kontakt zur Materie und die Qualität der Zeit des Wachsens wird spürbarer. Ich zähle deshalb mögliche Rituale während der Bauphase auf, die gemeinsam oder vereinzelt vollzogen werden können. Wenn daran die Handwerker mit teilnehmen können, bekommt ihre Arbeit einen ganz eigenen Wert.

Mögliche Rituale:
Die **Gebäudeachsen** wahrnehmen und die Gebäudeecken vor der offiziellen Vermessung eigenhändig **abstecken.**

Den ersten **Spatenstich** vor dem Aushub durch den Bagger selber vollziehen. Dadurch übernimmt man Verantwortung und harmonisiert die notwendige Verletzung der Erde.
Den „unbetretenen" Bereich des künftigen Gartens schützen, ihn hegen und ihm Gaben geben.
Den **Grundstein** schon frühzeitig gemeinsam mit den künftigen Bewohnern gestalten. Die Segenswünsche formulieren, Gaben hinzufügen und später setzen.
Die **Gebäude-Ecken** strahlen Energien ab. Durch Symbol, Edelstein oder selbst gestalteten Eckstein können die Energien gehalten oder umgeformt werden.
Die Bauzeit in den einzelnen **Bauschritten** immer wieder unterbrechen und eine Segens-Pause einlegen.

Das Richtfest feiern

Die **Haus-Tür** schon während des Bauens gestalten. Sie kann die Essenz des Hauses spiegeln.
Die **Haus-Tür** gemeinsam mit den künftigen Nachbarn **setzen.**
Die Räume säubern und auch feinstofflich vor dem Einzug reinigen.
Einwohnung mit allen am Bau Beteiligten feiern.
Einweihung und Einfügung des „Wortes" und des Symbols über der Tür.

Wesentliche **Rituale** sollten **jährlich wiederholt** werden, weil ihre Energien im Laufe der Zeit abnehmen. Das gilt besonders für festgelegte Zeitpunkte wie die Einweihung oder den Einzug ins Haus. Man schließt dann wie bei der christlichen „Kirchweih" in jedem Jahr an den Urimpuls wieder an.

Das **Logbuch** sollte kontinuierlich geführt werden und neben den äußeren Ereignisse auch das innere Geschehen während des Bauens erfassen.

IM HAUS WOHNEN

WAS UNS DAS WOHNEN SEIN KANN

> *„... dass wir das Wohnen erst lernen müssen. Das Geviert zu schonen, die Erde zu retten, den Himmel zu empfangen, die Göttlichen zu erwarten, die Sterblichen zu geleiten, dieses Schonen ist das einfache Wesen des Wohnens."*
> Martin Heidegger

Wohnen – das ist Leben. **Was alles in einer Wohnung geschieht:** Dinge und Vorräte verstauen, Essen bereiten und verzehren, trinken, schlafen, arbeiten, säubern, ordnen, feiern, baden, ruhen, sich einschließen und die Tür für Gäste öffnen, lesen, schreiben, musizieren... und dann und wann wird jemand geboren oder stirbt. All das verbindet sich mit den Räumen und Möbeln und Dingen. Dann wird die Wortwurzel von „wohnen" deutlich, die meint: „Behagen finden, zufrieden sein, gern haben."

> Zwischen den Wänden aber „wirkt" die Frau.
> Wirken meint Wirklichkeit.

Doch vieles wird „gewohnt" und verliert seine Wirkkraft. **Das Gewohnte des Wohnens** hat auch positive Seiten, denn die Macht der Gewohnheit gibt Sicherheit. Das Haus hält fern von den äußeren Gefahren und Herausforderungen. Durch das Tun und die Wiederholungen im geschützten Raum entsteht zudem eine Verdichtung des Lebens, bewahrt vor Zersplitterung und Zerstreuung von Lebenskraft. Unsere nervöse Lebensweise braucht den Halt des Gewohnten, die beruhigende Wiederholung der Taten, die zentrierende Aufmerksamkeit auf das jeweils Einzelne und das ordnende Prinzip des Tuns. Selbst Geschirr-Abwaschen ordnet durch seinen logischen Ablauf. Außerdem muss für Gewohntes weniger Aufmerksamkeit und Bewusstsein aufgewendet werden. Kein Organismus kann es sich leisten, sich all der Dinge bewusst zu sein, mit denen er auch unbewusst umgehen kann.

Die folgenden Beschreibungen zum Wohnen habe ich nach den Themen unterteilt, wie sie aus meinen bisherigen Beschreibungen zur weiblichen Kraft entstanden sind. Dadurch kommen Wiederholungen vor, weil ich sie nun unmittelbar aufs Wohnen beziehe. Zugleich füge ich weitere Hinweise ein, die auch zum belebenden Wohnen gehören, aber keinen unmittelbaren Bezug zu unserem Thema haben. Auch hier mögen die Abkürzungen dazu dienen, die eigene Phanthasie anzuregen. In diesem Kapitel wird auch „Ungewohntes" beschrieben, nicht nur zum weiblichen Gestalten, sondern umfassender, weil es um Schaffung von Seelen-Räumen geht. Ungewohnt ist auch der Gedanke, dass etwas so Festgefügtes und Alltägliches wie das Wohnen, auch Teil eines geistigen Weges sein kann.

Die Wohnung ist der Tempel von morgen.

Eine Wohnung ist wie das Haus ein Organismus und will wachsen. Das kann im „äußeren" Raum nur bedingt geschehen, wohl aber im Seelen-Raum. Wenn Wohnen als Weg erkannt wird, fordert es zum Wandel heraus, „orientiert" und gibt stärkende Kraft, bedarf aber immer wieder des Rückzuges zur Erinnerung an den Einzugs-Impuls, braucht Verinnerung durch Meditation im geschützten Raum und in geschützter Zeit.

DIE LEERE UND DIE FÜLLE

Ein erster Schritt kann sein, **vor dem Einzug in die Wohnung,** die Räume ohne Möbel zu „bewohnen". Über Tag in ihnen leben und in manchen Nächten auch in ihnen schlafen. Noch „erfüllt" Leere die Räume. Noch stellen Möbeln sie nicht „voll", überfrachten und übermachten nicht die Räume. Es geht um die unmittelbare, seelische Wahrnehmung der Leere. Das Wesentliche im Leben liegt auch hier zwischen den Dingen und Taten – im Nichts. und im leeren Raum. In ihm kann sich der menschliche Geist frei bewegen und Denken und Fühlen können bis an ihre Grenzen vordringen. **In der Leere wächst das Sehnen nach Fülle und Erfüllt-Sein.** Das „Wort", das über der Haustür oder dem eigenen Raum stehen soll, kann gefunden oder klarer werden und offenbaren, wofür man im Leben einsteht, damit Wohnen und Leben zu einem Ganzen wird.

Für die Frau ist die Leere eine elementare Lebens-Wahrnehmung. Ihr Leben als im Haus Wirkende kann die Leere widerspiegeln. Es ist ihr „Weg“, zu erleben und zu erkennen, dass ihr eigentliches Tun, ihr Sein in der Zeit auch im lebendigen Raum-Geschehen unsichtbar bleibt. Dem Mann ist die Leere vertrauter und so werden Räume von ihm weniger seelisch, eher asketisch, funktionell und nüchtern angesehen. Der in den Tagen und Nächten als leer erfahrene Raum, kann in der Frau ein vertieftes Verständnis für das männliche Sein wecken.

Die Leere kann man nicht nur über den Körper unmittelbar erfahren. Weil ein jeder Raum seinen eigenen Klang hat, möge man durch Summen, Singen oder einfache Instrumente den Raum zum Kingen bringen. Dann in der Stille den Nach-Klang und die Leere neu erspüren. Wie klingt der Raum dann für mich? Durch Gesten, Schreiten oder Tanz die innere eigene Resonanz körperlich ausdrücken. Und horchen, was der Raum sich wünscht und wie er künftig erfüllt sein möchte.

DAS MÜTTERLICHE

Mutterbauch ist in manchen Kulturen gleich dem Wort für Haus. Wir haben eine Vor-Erfahrung durch unsere Ur-Ein-Wohnung im Mutterbauch. Das Mütterliche ist uns leiblich eingeprägt – besonders der Frau. **Wohnen wird zur Wiederholung der Mütterlichkeit,** die Wohnung zum Ur-Gefäß. Das Innere des Leibes ist auch der Bereich der „Großen Mutter“ und damit des Unbewussten, ist Symbol des weiblichen Ur-Archetypus. So ist das Wohnen das Weibliche an sich, ist Raum-Empfangen und Raum-Nehmen. Der Mann dagegen schafft den Raum und gibt ihn. Wir sind nicht mehr im „Mutterbauch“ der Religion, der Tradition und der Familie eingebettet. Man kann seine Fehler und Schwächen nicht an ein „Übergeordnetes“ abgeben. Man ist auf sich selber zurückgeworfen und bleibt mit sich allein. Wir sind zwar global vernetzt – aber allein gelassen. Es erinnert an die Gottesbegegnung, wie sie früher von den Wüstenvätern und Wüstenmüttern unmittelbar im eisamen Ich gesucht wurde. Es ist das unsichtbare Geheimnis des Göttlichen, das im lebendigen Geschehen des Wohnens die bergende Hülle sucht.

Noch etwas anderes kann geschehen. In einer wahren mütterlichen Umgebung wachsen Töchter heran, die nicht mehr „mutterlos" sind, sondern wahre künftige Mütter werden. Wenn wir die uns äußerlich aufgezwungenen Lebensformen durchbrechen wollen, dann durch spirituelles Wohnen. Es ist, als ob man sich zurückziehe, jedoch um sich in Neues hinein zu gebären. Eine Frau die wagt, in diese ihre Tiefe zu gehen, wird als Mutter anders auf ihre Töchter einwirken. Dem heranwachsenden Sohn kann das Wohnen eine „Heimat" werden, gestaltet aus der Weisheit der Frau. Das Muttersein als auferlegter Lebenstrieb und Zwang des Kollektivs wird dann zur individuellen Freiheit. Mutter sein wird ein Weg zur Individuation. Dann wird Wohnen nicht nur erfüllte Lebendigkeit, sondern Gottesdienst und der Raum ein Tempel.

DAS GEHEIME

Das Geheime ist dem Mann fremder.

Wohnung, Raum und Haus ist auch Heimat, ein Heim. „Geh heim !" sagt man und mitklingt das Wort „geheim". Vom Wort her meint heim: „zum Haus gehörig". Das ist also mehr als ein Wortspiel. **In unserem Heim möchte auch das Geheime zu Hause sein.** Das nur uns Bekannte und uns Vertraute, ist geheim vor den Anderen und ist in jedem unserem „eigenem" Innen-Raum vorhanden. Was ist ein Geheimnis? Es ist etwas das uns nährt, wie das umhüllende Mütterliche. Das Geheime würdigt unseren, nur von uns bewohnten Raum, den Bereich des eigenen Seelen-Gartens. Ja mehr noch – das nicht Anrührbare, das Nicht-Wissen. Darin liegt die ursprüngliche, aus dem Ursprung quellende Kraft des Numinosen. Etwas, das man nicht mit-teilt, wovon man nicht spricht, auch weil man es nicht in Worte fassen kann. Was vielleicht auch gar nicht Worte hat. Es bleibt ganz und rund und ungeteilt bei uns. Ruht mit uns im Göttlichen.

In Rückschau auf die Frühzeit des Menschen wird die Höhlen-Architektur spürbar, die Schutz bot und Geborgenheit wie der Mutterbauch und durch das fehlende Licht auch die umhüllende Dunkelheit schuf. Dort, in den dunklen Höhlen, fühlte man sich den Gottheiten näher, weil die Höhle auch als die Öffnung hin zur Mutter Erde galt. Ich hatte das Glück, in den Ferien bei meinen Großeltern zu leben. Mein Raum war die „Mädchenkammer" im Dachboden. In all dem dort Abgestellten gab es auch eine Truhe. Man nannte mir nicht die Gründe, mahnte mich aber, sie nicht zu öffnen. Nie schaute ich hinein, aber seitdem weiß ich, welch Seelen-Reichtum ein Geheimnis in sich birgt.

Für den Heranwachsenden ist das Geheimnis wohltuend und ermutigend für den eigenen wachsenden Seelenraum. Unsere äußeren Räume sind zu eindeutig in ihrer Nutzung. Auch die Einrichtung unserer Wohnungen „richtet" zu stark aus. Wir leben zudem in einer Zeit, wo die Medien alles Menschliche darstellen. Die Sucht, sich zu zeigen, wirkt bis in die aktuelle Architektur hinein, in der alle Fenster bis zum Boden reichen. Es gibt keinen Schutz des unteren, intimen Körperbereiches und die Energie eines Raumes fließt dann ungehemmt hinaus.

Was wir verändern können: Die Abend-Dämmerung erleben. Statt plötzlich das harte Licht, zuerst der Kerzenschimmer. Der Rückzug der Eltern in ihren Raum und ihre Zeit. Ihre Zeiten der Meditation haben Geheimes in sich. Die Stille im Haus. Das Mitschwingen des Göttlichen im Gebet. Rituale, die das Nicht-Sichtbare bergen. Der unbetretene Bereich im Garten. Bilder, deren Geheimnisse sich erst langsam erschließen. Gedichte, weil sie nicht eindeutig sind, ebenso erzählte Märchen. Etwas Verbotenes.

SEELEN-RAUM DEM KIND

Wenn vom Wohnen gesprochen wird, dann oft nur von Schönheit, Funktion und von noch mehr Lebens-Energie. Ich vermisse die stärkere Hinwendung zu den Heranwachsenden, den Kindern. Wir alle werden nackt und schutzlos geboren. Nicht nur der Leib will wachsen, sondern auch die herüber gerettete und so reine Seele. Sie braucht Schutz und Seelen-Wärme, das uns auch körperlich Vertraute des Mütterlichen – die Umhüllung, das Fühlen, die sinnliche Nähe und Wärme, die Wiederholungen und die Gewissheit des Nährens. All das übersteigert sich ins Seelische. Das Wohnen sei Hülle für das so sehr verwundbare Wesen „Kind".

Die Wohnung dient der Einführung ins Leben und wirkt an der Wesens-Gestaltung des Heranwachsenden mit. Durch das mütterliche Wohnen wird ihm seine Menschwerdung angetragen und durch das Elementare der Natur, der Elemente und die Sinnlichkeit. Die Wohnung diene dem Kind und „bilde" den Menschen durch Schaffen von Seelenräumen. In ihnen zu leben, gibt eine heilende Atmosphäre jenseits von Pädagogik und nährt die Seele des Heranwachsenden unmittelbar, besonders wenn das Wohnen für die Eltern ein spiritueller Weg wird.

Eine wesentliche Umhüllung ist dem Kind der eigene Raum. Wie oft höre ich in Beratungen, wie er vermisst wurde, weil er geteilt war mit dem Bruder oder weil der Raum ein Durchgangszimmer war und anderes mehr. Viele Kinder wachsen in getrennten Ehen auf und sind dann weniger beim anderen Elternteil. Damit diese seltenen Zeiten nicht zum Besuch geraten, würde es dem Kind gut tun, dort einen eigenen Raum oder einen von ihm selbst gestalteten Bereich vorzufinden.

DURCH DIE SINNE ZUM SINN

Was für die Tiere der Selbsterhaltungstrieb, ist für den Menschen die Sehnsucht nach dem Sinn des Lebens. Wenn wir Sinn finden wollen, so müssen wir mit den Sinnen beginnen. Wir sind selber der Sinn dessen, was wir sinnlich erfahren. Die Sinneswahrnehmungen haben großen Einfluss auf uns und besonders auf die leibliche und seelisch-geistige Entwicklung des Kindes. Die Wohnung und das Leben in der Wohnung geben uns viele Möglichkeiten, unsere Sinne anzuregen durch Tasten, Fühlen, Sehen, Hören, Riechen und Schmecken.

In unserer Arbeitswelt wirken wir in Räumen, die vorrangig dem Produkt unserer Arbeit dienen sollen durch Technik, Funktion, Reduktion von Überflüssigem, Schnelligkeit, Klarheit und Strenge. Das Zauberwort ist Perfektion – und diesen Anspruch finden wir in manchen Wohnungen wieder. Besonders in der Küche, wo so wundersam kreativ gewirkt werden könnte. Viele Küchen sind wie begehbare Maschinen. Aber nur was nicht perfekt ist, sondern offen gelassen wird, regt sinnlich an. Es sind die feinen Reize, die unsere Sinne am stärksten berühren und die Sinnlichkeit erhöhen. Die vielen uns umstellenden Dinge und die Bilderflut aus den Kommunikations-Mitteln überfordern uns und mindern unsere sinnliche Empfindung.

DER TASTSINN ist nach Rudolf Steiner ein Weg zur Gotteserfahrung. Unsere Umwelt dagegen ist hygienisch und glatt geworden. Mehr noch – unsere Fingerspitzen gehorchen den Tasten vom Telefon, Computer und der Fernbedienung. Die Welt wird durch mobilen Funk für „wahr" genommen. Die Ferne wird nicht berührt und findet keinen Widerhall im Fühlen und Gefühl. All das lässt den feinen Tastsinn verkümmern. Im Folgenden gebe ich erste Anregungen, die man aus eigener Erfahrung für sich ergänzen möge.

Metall wenig und nur gezielt verwenden. Metall kann schädigende Strahlen aufnehmen und je nach Form bündeln und weiterleiten.

Durch Glätte und Härte der Materialien sind auch die Klänge im Raum härter, statt mild die Sinne anregend.

Kunststoff vermeiden. Materialien aus der Natur nehmen – wie Holz und Gewebe.

Türgriffe aufmerksam wählen oder selber formen. Im Griff entsteht „Begreifen". Vielleicht je Raumseite unterschiedlich. Unterschwellig kündigt sich die Besonderheit des folgenden Raumes an. Es entsteht ein Inne-Halten und Erwarten.

Handläufe von Treppen können aus Holz sein und profiliert, um unterschiedliche Reize zu erzeugen.

Alles was wir in die Hand nehmen, sollte natürlich und edel sein. Besonders Besteck, Geschirr, Tassen usw.

Je nach Raum unterschiedliche Temperaturen.

Barfuss gehen und im Raum wechselnde Bodenbeläge aus Holz, Keramik, Teppich oder Mosaik. Feste Schuhe halten das Fühlen zurück.

Statt Stufe in einem Raum, eine Schräge schaffen,
durch eingelegte Kieselsteine eigenhändig gestaltet.

DIE FEINEN REIZE sind uns „von Natur aus" nah und belebend. Wir mussten früher feinste Geräusche unterscheiden können, ob ein sich nahendes, kriechendes Tier uns bedroht oder das Zittern der Blätter uns täuscht. Diese Feinheit von Reizen will belebend im Raum sein und die Sinnlichkeit erhöhen.

Die Farben auf den Wänden in Tupf-Technik aufbringen oder durch mehrere dünne Schichten, so dass verschiedene Farben jeweils durchschimmern oder Komplementär-Farben entstehen und Seelen-Ebenen anrühren.

Lehmverputz, der mit den Händen flächig aufgetragen wird, dadurch unregelmäßig ist und leichte Schattenwirkung erzeugt. Die eigenen Händen erfassen dann unmittelbar den Raum.

Alles was sich leicht bewegt, wird eher wahrgenommen.
Weiche Stoffe und Vorhänge, die sich im Luftzug bewegen können.

Sanfte Geräusche durch Springbrunnen und Klangröhre,
aber keine berieselnde Musik.

Im Haus einen stillen Raum schaffen.

Blatt-Geranke am Fenster, rankende Pflanzen.

Vermeiden von harten Schatten und grellem Licht.

Nicht alle Raumbereiche voll ausleuchten. Das schafft feine Schattierungen. Was zu klar ist, ist ohne Reiz. Das Unklare bereichert die Vorstellungskraft.

Das Lodern des Feuers im Ofen. Flackern des Kerzenlichtes. Erkennen, wie sich der Raum verändert wenn statt einer Kerze dann eine zweite angezündet wird.

DIE UMHÜLLUNG spricht den Wärmesinn an und gibt durch Weiches und Bergendes wohltuende auch innere „Wärme“.

Solche Materialien dämpfen auch die Geräusche.

Es wird leiser und erzeugt eine umhüllende Stille.

Der Seidenhimmel über dem Bett hüllt ein.

Durch die Kleidung, das wallende Gewand, kann das Gefühl der Hülle unmittelbar sinnlich erlebt werden.

Vorhänge verhüllen Dinge oder bieten sie dar. Durch sie kann das Gefühl von Erwartung und Erinnerung erlebt werden.

Weiche Sitz-Möbel hüllen ein ins Fühlen und Grenzenlose. Dagegen muntern harte und klare Stühle zum „Denken“ auf.

DIE GERÜCHE berühren den Seelenraum. Sie regen Stimmungen und Gefühle an und lassen uns längst Vergessenes erinnern. Wir atmen und müssen dadurch riechen, ob wir wollen oder nicht. Die frühen Mystiker fassten ihre tiefen Erlebnisse auch darin in Worte, wenn sie Geruch und Odem gleich setzten, als alles durchdringende göttliche Gegenwart. Ursprünglich war es für uns der Sinn, der am feinsten wahrnahm. Er ist immer noch der am besten ausgebildete Sinn. Die seelische Bedeutung des Riechens und seine Erinnerungskraft ist eine wesentliche Erfahrung. Sie kann sich bis ins Zeitgeschehen verbinden, wenn es am Donnerstag nach Bohnerwachs, am Freitag nach Fisch und nach Kuchen am Samstag riecht.

Chemische Stoffe vermeiden.

Achtsam Räuchern.

Schalen mit Wasser und Duftstoffen erhöhen
die im Raum nötige Feuchtigkeit.

Blumen und Pflanzen.

DIE FARBEN der Fenster in den gotischen Marien-Kathedralen geben der Seele Nahrung. Wir sehen das Äußere mit den Augen – und innerlich seelisch wirken die Komplementärfarben. Diese Farben erscheinen, wenn man kurz in die Sonne blickt und hinter den geschlossenen Lidern bald darauf die Gegen-Farbe erscheint.

Mit Naturfarben die Wände gestalten.

Durch das eigenhändige Auftragen der Farben entsteht Zwiesprache
im Seelenraum. Dann wird die Mauer zur Wand, denn „Wand"
kommt von „wenden".

Wände für die helle Jahreszeit anders als für den dunklen Winter
gestalten. Das kann auch durch farbigen Stoffe geschehen.
Das müssen nicht alle Wände sein, wohl aber die dominierende
Wand.

Auch Stoffe können eine Wand farblich hervorheben.

Durchscheinende Vorhänge am Fenster in unterschiedlichen
Farben, die je nach gewünschter Stimmung vorgezogen werden.

DIE ÜBERGÄNGE

Zur „Kraft des Übergangs“ habe ich ein ganzes Buch geschrieben. Hier gebe ich Impulse in kurzen Worten.

Die Dämmerung als Übergang des Tages ausleben,
durch Kerzenlicht verstärken – statt plötzliche Helligkeit.

Die Tür ist ein Nichts in der Wand und verbindet unterschiedliche Räume. Sie engt den Energiefluss ein, der dort besonders gut „informiert“ werden kann durch „Wort“ und Symbol, die stärkend fürs Wohnen sind und das Individuelle betonen. An der Schwelle sollte ein bewusst Gestaltetes negative Einflüsse abwehren.

Die Fenster verbinden Außen und Innen. Die Form der Fenster und ihre Anordnung in der Fassade sollten harmonisch sein. Diese Schönheit wirkt von außen in den Innenraum zurück. Nur-Glas-Fenster sind wie unbewegt und formen den Energiefluss nicht. Zu viele Sprossen können dagegen einengen. Im guten Sinne fordern die Sprossen den Sehsinn heraus und beleben das Schauen von Innen nach Außen. Die Kunst ist es, beides zu verbinden, durch harmonikale Gestaltung. Fenster sollten so ausgeführt sein, dass sie frische Luft einlassen, die ionisiert und Chi in den Raum trägt. Auf gute Lüftung achten. Das Sitzen oder Liegen nahe vom Fenster verbindet Innen und Außen. Es entsteht das Raumgefühl von Nest und Höhle zugleich, durch das Hinausschauen und den Schutz des Rückens.

In jeder Raumecke stoßen die Wesenheiten von zwei Wänden aufeinander. Das will durch Ausrundung gemildert sein. Aber nicht alle Ecken, denn wir brauchen auch Spannung im Raum. Der Übergang **von der Decke zur Wand** ist das Kraftspiel von Lasten und Tragen und möchte durch Rundung oder Fries harmoisiert werden.

Scharfe **in den Raum strahlende Ecken** kann man ebenso mildern oder die Kraft durch Symbole „informieren“.

DER LAUF DER ZEIT ist in der Berufswelt von männlicher Weise, strukturiert und zielgerichtet. Das Wirken im Haushalt ist der Kreislauf der Dinge und Taten. Nahrung kaufen, Essen kochen, den Tisch decken, ihn abräumen und Geschirr waschen und einräumen, dann wieder und wieder. Als Bewegung ist es statt der zielgerichteten Gerade der Kreis und sinnbildlich ein Seins-Zustand, wie auf Seite 31 bildlich dargestellt. Es geht im Haus nicht um ein zu erstellendes Produkt, sondern um die unmittelbare Begegnung mit der Materie und in Verantwortung ihr gegenüber. Ohne ein festes Ziel ist die Hausarbeit zeitlos und fließend – ist Ewigkeit. **Der Raum an sich ist statisch,** steht im Widerspruch zur Bewegtheit der Zeit und widerspricht dem inneren, seelischen und geistigen Geschehen des Wohnens. Es sei denn, er ist als Klosterzelle zur Verinnerung gemeint. In der Wohnung geht es um Leben und nicht um den Selbstzweck eines Raumes. Ein Raum ist zwingend, aber er muss der Zeit gehorchen und darf nicht das Geschehen im Raum beherrschen. Es geht um die Zeit im Raum. Auch wenn man ihn nicht ertanzt, der Raum sollte so möbliert sein, dass man sich in ihm tänzerisch bewegen kann. Es erstaunt dann, wie uns die Möbel und nicht wir die Möbel bestimmen, dabei haben wir ein Grundbedürfnis nach Bewegung. Das zeigen uns die häufigen Umzüge innerhalb eines Lebens und ebenso die steigende Zahl der „Wohnmobile“. Das Wort „Möbel“ meint „mobil“, meint beweglich und im Raum veränderbar zu sein, damit seelische und geistige Veränderungen leichter geschehen können.

> Veränderungen im Raum ermöglichen. Wechsel von Bildern und Motiven an der Wand. Je nach Stimmung, innerer Entwicklung und nach den Jahreszeiten.
>
> Stellwände, Schiebetüren und Hängewände greifen nicht in den Raum und sind leicht zu bewegen.
>
> Ein Paravent teilt leicht einen Raum.
> Vorhänge, nicht nur vor den Fenstern, auch vor Borten.

Fenster ohne Vorhänge leben nur das Gleichmaß der Zeit
und schaffen in der Nacht „schwarze" Spiegel.

Möglichkeiten schaffen, auf dem Boden zu sitzen,
erzeugt ein anderes Raumgefühl.

Die Übergänge hervorheben.

Ein „Stammplatz" betont das Bewegliche.

DIE HOHEN ZEITEN des Jahres in ihrer Kraft verstärken. Im Winter mehr die wärmende Umhüllung suchen, zum Verinnern in den langen dunklen Stunden des Tages. Die tiefe Dunkelheit mit dem Licht der Weih-Nacht verbinden. Auch der Mensch braucht in seiner Weise den Winterschlaf, den Wechsel von Licht und Schatten. Die großen Sonnenfeste gipfeln in „Johanni". Die Kraft in den Übergangszeiten von Ostern und Michaeli einfügen. In jedem Monat will der Mond in seinem Wechsel gewürdigt sein, vom Neumond zum Vollmond und in den kritischen Nächten des halben Mondes.

Besondere Zeiten hervorheben.

Den Vorabend zum Geburtstag als Impulszeit mehr würdigen.

Je nach Jahreszeit und innerem Geschehen
unterschiedliche Bilder wählen.

Klänge, die den Tag zeitlich einprägen durch
Glockenspiel, Uhrklang, Musikstück.

Durch Vorhänge den Raum mehr nach innen nehmen
oder nach außen öffnen.

Zukunft und Vergangenheit sichtbar machen.
Neues durch Bilder, Skulpturen.
Altes durch Antikes, Erbstücke, Familienfotos oder Ahnentafel.

DIE RHYTHMEN LEBEN, denn sie sind für unsere Gesundheit bedeutsam, aber durch unsere moderne Lebensweise gestört. Heilsam sind Rhythmen, weil sie in den Körper-Rhythmus einwirken.

Feste Tageszeiten zum Essen und Einschlafen.

Die einzelnen Wochentage energetisch wahrnehmen.

Sie durch Rituale und festliche Gestimmtheit unterstützen
Pausen einfügen, besonders zur 1 ½ Stunden-Tätigkeit.

Zeit-Ordnungen geben Halt, besonders den Heranwachsenden.

Die Mondphasen stärker betonen.
Sie sind dem Rhythmus der Frau nah.

Die Zeit der Menstruation würdigen.

HARMONIE UND SCHÖNHEIT erschaffen duch die Synthese des weiblichen und männlichen Wesens. Es geht um die harmonische Verbindung ungleicher und verschiedener Elemente. Es ist einseitig, in der Gestaltung nur den geometrischen oder nur den organischen Formen ihren Raum zu geben.

„wo das Strenge mit dem Zarten,
wo Starkes sich und Mildes paarten,
da gibt es einen guten Klang.“
Schiller

Auf die Unterschiede verwies auch Goethe, wenn er sagt, dass er zur Geistesarbeit den geraden Stuhl braucht mit seiner Herausforderung zur äußeren und inneren Aufrichtung. Der Sessel verlocke zur müßigen und wohligen Hingabe. Das zeigt schon seine geringere Sitzhöhe – man „fällt“ in den Sessel hinein.

Geometrische Strukturen und Organisches verbinden.

Das Harte und Kalte als Spannungskraft gezielt
im guten Maß gestalten.

Das Organische durch Pflanzen und Blumen einbeziehen,
ihr Wachsen und Vergehen. Ihre Veränderung je Jahreszeit.

Höhle und Nest – die Raumecke und der Fensterplatz.

Gemeinsame und private Räume.

Dissonantes als Anregendes.

Harte und weiche Stoffe verbinden.

Askese oder Fülle.

Schönes auch im Praktischen bis hin zu den Kochtöpfen.

Edles Tafelgedeck, Gläser und gleiches Besteck.

Möbel selber bauen, hebt das Gewohnte und Vorgegebene auf.

DIE KRAFT DER RITUALE wurde schon beschrieben. Sie hebt die „Gewohnheiten" des Alltags auf. Hier sind noch einmal Impulse zur Anregung gegeben, die im Wohnen „beleben" können.

Reinigen als Ritual, möglichst gemeinsam vollziehen.

Durchs „Hand anlegen" die Dinge würdigen.

Alles etwas langsamer als gewohnt machen und Pausen einlegen.

Selber einen Apfel „brechen" – ihn zur Nahrung entzweien.

Das Treppensteigen als energetische „Erhöhung“ wahrnehmen.

Was geschieht, wenn ich eine Schwelle übertrete.

Eine Tür öffnen und eine Wand durchschreiten.

Eine Kerze anzünden und sie dann löschen.

DIE MAHLZEIT „vermählt“ durch Kauen den Geist mit der Materie. Essen verbindet die unterschiedlichsten Menschen, weil Essen etwas allgemein Menschliches ist. Sehen, Hören und Fühlen sind Sinneswahrnehmungen die nach außen bezogen sind. Der Geschmackssinn ist nach innen gerichtet. Essen und Trinken, beides ist ein intensives Verinnern. Essen und Trinken sind triebhafte Notwendigkeiten, die wir mit den Tieren teilen. Darum ist das einsame Verschlingen aus purem Hunger für uns abstoßend.

„Die gelungene Mahlzeit ist über das Niedrige
und Nichtige hinausgewachsen.“
Georg Simmel

Wir brauchen die Schönheit in der Essenszeit. Durch die gedeckte Tafel, durch gut geformtes Geschirr und wertvolles Besteck, statt wie früher das Essen mit der Hand oder aus einem gemeinsamen Topf. Durch Blumen, Musik, leichtes Gespräch oder Schweigen. Das gemeinsame Essen und Trinken löst eine große verbindende Kraft aus. Jeder isst und trinkt zwar für sich die eigenen Portionen, doch aus den gleichen Gerichten, von der gemeinsamen Tafel mit dem gleichen Ziel, Lebenskraft zu erzeugen. Schönheit und Reinheit der Tafel, gleiches Geschirr und Besteck, die vorbestimmte Stunde und die Wiederholung verfeinern auch das Miteinander. Früher schuf das gemeinsame Gebet „wenn zwei oder drei in meinem Namen beisammen sind“ einen höheren Bezug – im Verwandeln der Materie in Geisteskraft.

Einladen zum Essen, ist auch ein Schenken, so wie man Wein einschenkt und ist wie Kommunion. Zu den großen Freuden gehört das gemeinsame Essen. Die Mahlzeit ist eine eigentümliche Zeit. Sie ist verbindend, doch zugleich ist das Essen etwas sehr egoistisches. Was ich denke, kann ich mitteilen, was ich sehe und höre ebenso, nicht aber was ich esse. Weil es so selbstbezogen ist, ruft es nach Gemeinsamkeit. Darin liegt die hohe soziale Bedeutung der Mahlzeit. Das Miteinander erfordert zudem einen gemeinsam gefundenen Zeitpunkt. Weil das Mahl sich wiederholt zu bestimmten Zeiten, gibt es auch dem Körper-Organismus die Wohltat des Rhythmischen und dem Tag eine Form. Die vorbestimmte Stunde ist Teil der Kulturtat des Mahles, nicht bestimmt vom Hunger oder von Gier.

Das gemeinsame Essen wiederholt Urtümliches, denn es war heraus gehoben aus den Zeiten der täglichen Kämpfe und Gefahren. Es waren Zeiten des Friedlichen. Das spiegelt sich in unserer moderen Welt wider in den so genannten „Geschäftsessen". Den reinen Hunger zu stillen ist kulturlos, aber vielfach in unseren Familien üblich geworden. Das andere Extrem ist die Über-Kultivierung der Zubereitung und Zelebration des Essens, wie Zeitschriften und Fernsehen uns zeigen. Erstarrt im nur Ästhetischen und im Prunken.

CHAOS UND ORDNUNG sind Teil des Wohnens. Jedes Tun hinterlässt Spuren. Etwas unvollendet lassen, bindet uns ans vorherige Geschehen. Mit jedem Ding das wir „erwerben", stehen wir in Antwort, in Verantwortung. Die perfekte Ordnung ist steril und wie das Wort meint: „unfruchtbar und keimfrei". Ist die Unordnung zu groß, dann übermachtet sie. Zwischen beiden Extremen liegt die Würde, die wir den Dingen gegenüber haben. Sonst beherrschen uns die Dinge.

Die unvermeidbare Rumpelecke „bewusst" leben,
einen eigenen „Raum" dafür geben.

Möbel und Dinge umstellen,
damit das Wohnen nicht gewöhnlich wird.

Spiegel zur Irritation und Vervielfachung einsetzen.

Zentrierungen schaffen:
Der Tisch als Mittelpunkt, Blumen in der Mitte.

Den rechten Winkel schaffen und die Ausrundung.

REINIGEN UND PFLEGEN der Räume, der Dinge und Gerätschaften kann zum Ritual werden, wenn mit dem Abtragen von Schmutz und Staub auch die eigene „innere" Ordnung gewollt ist. Wird das Tun verbunden mit Ego-Anteilen, die ebenfalls hingegeben werden, dann geschieht auch „innere" Reinigung. „Reinigen" meint vom Wort her, Energien zu trennen, die nicht zusammen gehören. Trennen ist Teil des Wohnens und erzeugt Beziehung.
Das Säubern unserer Räume betont noch einmal den Kreislauf in der Hausarbeit. Es wird nichts Neues kreiert. Die Perfektion des Ordnens wird zum Maßstab des Tuns und schafft Enttäuschung aus einer Überbetonung der Ordnung heraus, die dann als „Endprodukt" leblos ist. Würden die Dinge in die Hand genommen in zärtlicher Hinwendung, entstünde ein neues Begreifen, auch ein neues Besitzen, das wiederum die Dinge belebt.

Eine Zeitlang bewusst mit Schmutz leben,
den Schmutz würdigen – Spinnweben sind auch Kunstwerke.

Wir überbetonen die Hygiene und vertreiben
dadurch den Genius des Raumes.

Die Klage-Ecke trennt uns von belastenden Emotionen.

EINE NEUE „FAMILIE" entsteht. In Millionen von Jahren lebte der Mensch in Horden, dann in Stämmen, dann in Clans und Sippen, zuletzt in der Großfamilie und jetzt vorrangig in der Kleinfamilie. Der Einzelne ist immer mehr auf sich, sein Ich bezogen, doch lebt in uns der Wunsch nach Gemeinschaft. Vielleicht ist die Patchwork-Familie, die ungeplant entsteht, ein Beginn zu anderen Lebensformen. Eine neue und gewollte Form von Familie wird „natürlich und individuell" sein und zugleich auch die „geistig, spirituelle" Gemeinschaft einbeziehen.

Im Buch „Energetische Raumgestaltung" ist zu den Themen Chaos, Reinigen, Sinn des Schmutzes und zu den Dingen mehr ausgeführt, ebenso zur Gemeinschaft.

DIE KÜCHE ist ein Ort gelebter Magie. Kochen ist Transformation vom Rohen ins Feine und tiefstes Geheimnis im Übergang von der Natur zur Kultur. Kochen und Nahrung bereiten, war von Anfang an die große Kulturtat der Frau.

Unsere Küchen sind oft zur Werkstatt geworden. Wie die Fenster, die bis zum Boden reichen und das Innerste und Innigste des Raumes dem Außen preisgeben, so spiegeln auch die Küchen unsere Freude, sich zu zeigen. Es gibt keine Trennung zum Wohnraum hin. Alles ist einsehbar. Es fehlt die Kraft des Übergangs auch hier. Das alte Wort von der „Hexenküche" weist auf das Geheime hin, das Magische und Numinose der Küche. In ihr wird Materie verwandelt durch Feuer, Mixen, Schneiden, Schmecken und Rühren und achtsamer Liebe. Das ist ein Übergang in der Materie und öffnet für „Eingebungen", seien es Gedanken oder Gefühle, die auch von den Speisen aufgenommenen werden. Das braucht innere Hinwendung, ohne abgelenkt zu werden, braucht die Hülle, damit Versunkenheit ins Tun geschieht. Diese Intimität lockt auch das Kind und es erfährt das Mütterliche in der Küche unmittelbar. Kochen ist Wandlung und umfassende Kreativität, weswegen in Gruppenarbeit die sogenannten „Küchengespräche" oft mehr Ideen zeugten als die geordneten Gesprächsrunden.

Es webt ein Zauber in der Küche. Welche Erwartung war es am feierlich gedecktem Tisch, bis sich die Küchentür öffnete und aus dem Dunstschleier der Küche die Suppen-Terrine herein getragen wurde. Das war fern vom Zelebrieren des Kochens und der Darbietung von Speisen-Artistik. Die Vermischung von Küche und Wohnraum hebt jetzt das Geheimnisvolle auf. Manchmal markiert noch ein Tresen den Küchenbereich mit seinen Hockern, wirkt aber wie eine Bar, geeignet zum schnell wieder weg zu sein. Die moderne Küche ist oft wie ein automatisierter Maschinenraum zum rationellen und schnellen Handeln.

Die Natur einbeziehen durch nahe gelegene Kräuterbeete.

Der Küche ihre wahre Bedeutung wieder geben.

Im Wagnis des Würzens, dass die Prise Salz die Speise steigere.

Eine Speisekammer gibt das Gefühl von Sicherheit,
Fülle und Nähe zur Nahrung.

Die Vorräte werden dann sichtbar, sind nicht versteckt.

Die Ruhe bequemer Stühle, statt Theke und Hocker.

Holztische statt Kunststoff.

Eine Elektroplatte ist zwar leichter zu reinigen,
aber das Feuer vom Gasherd ist sichtbare Kraft
und zugleich sparsamer im Energieverbrauch.

Küchengeräte und Geschirr sollten schön und edel sein.

Kunststoff und Aluminium vermeiden.
Sind energetisch bedenklich und fühlen sich ungut an.

Ist ein Keller da, ihn gut belüften
und mit Naturmaterialien auskleiden.

DER SCHLAFRAUM ist der Raum, in dem wir ein Drittel unserer Lebenszeit verbringen. Eine lange Zeit des Wohnens liegen wir im Bett, im Schlaf und im Dunklen. Somit ist der Schlaf ganz urtümlich Teil unseres Lebens, weswegen ich dem Bett und Schlafraum mich zuwende. Durch unsere überaktive und Yang gesteuerte Lebensweise werden Schlaf und Nacht oft nur als Unterbrechung und Erholung von der Arbeit angesehen und damit nicht gewürdigt in dem was sie wirklich sind – Seelenwanderung. In der Nacht wandert unsere Seele heim in geistige Welten, wird dort genährt und kommt als erfrischte Kraft in den Tag zurück. Die Nacht und der Schlaf sind „der Mutterleib" im Mutterleib des Hauses. Man „taucht" – wie ins Wasser – in jeder Nacht in den Mutterschoß zurück. Nacht und Dunkel werden uns zu einem Wesen. Unsere Tages-Welt wird ganz nach innen eingesogen. Die äußere Welt wird zur Innenwelt und statt des Kopfes wird das Herzbewusstsein angesprochen.

TECHNISCHE HINWEISE:
Schlafraum nicht über Garage, Metallbehälter, Heizungsanlage, Heizöltank anordnen. Heizöl ist rechts-zirkular, Lebenskraft aufbauend und macht wach. Keine Metallteile wie Bettschrank. Glasplatten vermeiden. Ebenso Spiegel. Kein Fernsehgerät, Radio, Standby, keine Quarzuhr im Schlafraum. Keine Fußbodenheizung. Möglichst auch nicht im Raum darüber. Fußbodenheizung ist ein Strömungssystem mit links-zirkularen Mitteln gefüllt.

DAS BETT sei ein geschützter Raum im Raum. Im Liegen wenden wir uns mit der größten Körperfläche dem Kosmos und zugleich auch der Erde zu. Wir öffnen uns beiden Einflüssen und sind äußeren Energien zugewandt. Es sollte für die Zeit des Schlafes ein mentaler Schutz geschaffen werden. Sei es das Abendgebet oder das Schließen der Chakren, denn im Schlaf sind wir wehrlos, brauchen Vertrauen und das Gefühl von Sicherheit. Obwohl ein Bett leicht verschoben werden kann, möchte es seinen angestammten Platz. Das schafft Orientierung und Verlässlichkeit. Zur Orientierung dient es auch, einen klaren Bezug zur Wand herzustellen – senkrecht dazu oder parallel, um beim Aufwachen nicht verunsichert zu sein.
Die Bedeutung des Bettes kann für unsere Gesundung nicht hoch genug eingeschätzt werden. In den Nächten weiten sich die Umräume unseres Körpers. Das frühere Himmelbett grenzte den weiten Raum wohltuend ein, schuf den Raum im Raum, ein Traum tragendes Gehäuse, ein seidener Himmel als schützende Hülle. Ein Bett beherrscht den Raum und will besondere ästhetische Hinwendung, ist Mitte des eigenen Rückzuges und bedarf der subjektiven Gestaltung. Es soll Geborgenheit vermitteln, um sich den Träumen hingeben zu können. Zum Schlaf gehört auch das Wachwerden. Man möge erspüren und gestalten, was man als erstes beim Wachwerden sieht. Das morgendliche Aufstehen wird zum täglichen Willensakt der Aufrichtung. Das ist mehr, als nur das Bett verlassen, es ist tägliche Menschwerdung in der Frage, auch wenn ungewusst und unausgesprochen: „Wofür stehe ich auf?“

TECHNISCHE HINWEISE:
Man fällt in den Schlaf, fällt in die Tiefe und will doch auch getragen sein. So soll die Matratze zum Einsinken in den Traum nachgiebig genug sein und dennoch so fest, dass ein Gefühl des Getragen-Seins entsteht. Die günstigste

Himmelsrichtung darf man für sich erspüren. Mit dem Kopf nach Norden oder nach Osten wird bevorzugt, weil der Erdmagnetismus oder die Erdumdrehung dann wirken. Auf die Farben und Muster, Symbole und Bilder des Bettzeuges achten. Sie sollen beruhigen. Zum Schlafen Armbanduhren, Ringe und Armbänder ablegen. Das Bett fern halten von Zuleitungskabeln, Steckdosen, Heizkörper und Telefon. Wasserbetten sind zu bedenken, denn Wasser speichert Ätherkräfte. Keine Federkern-Matratzen, sie enthalten Metall-Spiralen, die als Formstrahler wirken. Die Betthöhe muss groß genug sein, sonst fehlt Belüftung und Atmung. Der Raum unter dem Bett ist kein Abstellplatz.

Der Blick zur Decke des Raumes: Die normale Blickrichtung ist zum Boden hin geneigt, dahin wandert unsere Aufmerksamkeit. Im Schlafraum ist der Blick zur Decke gerichtet, die meisten nur flächig gestrichen ist. Ein Bild, dort angebracht, kann beruhigend wirken. Besonders zu Zeiten von Krankheit können Bilder heilend wirken und innere Prozesse begleiten.

LITERATUR

Assagioli, Roberto: Die Schulung des Willens, Paderborn 1982
Bachofen, J.H.: Mutterrecht und Urreligion, Stuttgart 1927
Bettelheim, Bruno: Die Symbolischen Wunden, München 1975
Birkhäuser-Oeri, Sybille: Die Mutter im Märchen, Fellbach 9. Aufl. 1987
Bly, Robert: Eisenhans, München 1984
Bock, Emil: Der Kreis der Jahresfeste, Stuttgart 1981
Bollnow, Otto Friedrich: Das Wesen der Stimmung, Frankfurt / Main 7. Aufl. 1988
Bourdieu, Pierre: Die männliche Herrschaft, Frankfurt / Main 3. Aufl. 2016
Burkhard, Gudrun: Mann und Frau, Stuttgart 2000
Campbell, Joseph: Der Heros in tausend Gestalten, Frankfurt 1953
Campbell, Joseph: Mythologie der Urvölker, Basel 1991
* Claremont de Castillejo, Irene: Die Töchter der Penelope, Düsseldorf 4. Aufl. 1986
Damasio, Antonio: Descartes Irrtum, Berlin 8. Aufl. 2015
* Deida, David: Der Weg des Mannes, München 1997
Devereux, Georges: Frau und Mythos, München 1989
Duden: Etymologie, Mannheim 1963
Dulk den, Roel: Der androgyne Engel, Stuttgart 2002
Eliade, Mircea: Das Heilige und das Profane, Reinbek 1957
* Eliade, Mircea: Das Mysterium der Wiedergeburt, Frankfurt 2. Aufl. 1989
Evdokimov, Paul: Die Frau und das Heil der Welt, Moers 1989
Franz von, Marie-Louise: Das Weibliche im Märchen, Stuttgart 3. Aufl. 1980
Franz von, Marie-Louise: Passio Perpetuae, Zürich 1982
Franz von, Marie-Louise: Der ewige Jüngling. München 1987
Frisch, Max: Die Schwierigen, Zürich 1962
Gädeke, Wolfgang: Scheidung-warum?, Flensburger Hefte 44, Flensburg 1994
Gebser, Jean: Asien lächelt anders, Frankfurt 1968 (auch unter dem Titel: Asienfibel)
Gennep van, Arnold: Übergangsriten, Frankfurt 1999
Göttner-Abendroth, Heide: Die Göttin und ihr Heros, München 1980

Göttner-Abendroth, Heide: Die tanzende Göttin, München 1982
Hämmerling, Elisabeth: Mondgöttin Inanna, Zürich 1990
* Harding, Esther: Der Weg der Frau, Zürich, 5. Aufl. 1962
* Harding, Esther: Frauen-Mysterien, Zürich, 1949
Hagena, Charlotte u. Christian: Konstitution und Polarität, Heidelberg 2. Aufl. 1995
Held, Wolfgang: Vier Minuten Sternenzeit, Stuttgart 2006
Hoerner, Wilhelm: Zeit und Rhythmus, Stuttgart 2004
* Hurlitz, Siegmund: Lilith, Einsiedeln 4. Aufl. 1998
Jaffe', Aniela: Der Mythos vom Sinn", Zürich 1983
Joel, Karl: Seele und Welt, Jena 1912
Johnson, Robert A.: Traumvorstellung Liebe, München 1987
Johnson, Robert A.: Der Mann. Die Frau, München 1987
Jordan, Harald: Räume der Kraft schaffen, Baden, 6. Aufl. 2010
Jordan, Harald: Orte heilen, Baden 2008 3. Aufl.
Jordan, Harald: Die Kraft des Übergangs, Baden 2004
Jordan, Harald: Energetische Raumgestaltung, Aarau 2010
Jung, Emma/M.-L. von Franz: Die Graalslegende, Olten 1980
Jung, C.G.: Traumsymbole des Individuationsprozesses, Zürich 1987
Jung, C.G. Jung: Briefe, Olten 3. Aufl. 1981
Jung, C.G.: Der Einzelne in der Gesellschaft, Olten 1971
Jung, C.G.: Archetypen, München 4. Aufl.1993
Jünger, Friedrich Georg: Die Perfektion der Technik, Frankfurt a.M. 2. Aufl. 1949
Kaufmann-Huber, Gertrud: Kinder brauchen Rituale
Keleman, Stanley: Verkörperte Gefühle, München 3. Aufl. 1999
* Kerenyi, Karl: Labyrinth-Studien, Zürich 2. Aufl. 1950
Kloehn, Ekkehard: Typisch weiblich? Typisch männlich?, Reinbek 1982
König, Karl: Die ersten drei Jahre des Kindes, Stuttgart 1968
König, Karl: Brüder und Schwester, Stuttgart 1977
Lievegoed, Bernhard C. J.: Der Mensch an der Schwelle, Stuttgart, 4. Aufl. 1994
* Maaz, Hans-Joachim: Der Lilith-Komplex, München 4. Aufl. 2005
Mankowitz, Ann: Auf neue Weise fruchtbar, München 1994
* Maslow, Abraham: Psychologie des Seins, München 1973
Müller, Lutz: Der Held, Zürich 1987

* Neumann, Erich: Die große Mutter, Zürich 3. Aufl. 1978
Neumann, Erich: Ursprungsgeschichte des Bewusstseins, München 1968
* Neumann, Erich: Zur Psychologie des Weiblichen, Frankfurt 1990
Nitschke, Alfred: Das verwaiste Kind der Natur, Tübingen 1967
Perera, Sylvia: Der Weg zur Göttin der Tiefe, 1985, Interlaken
Rank, Otto: Das Trauma der Geburt, Frankfurt 1988
Rensing, Ludger: Biologische Rhythmen und Regulation, Stuttgart 1973
Rilke, Rainer, Maria: Briefe an einen jungen Dichter, Wiesbaden 1951
* Rohr, Richard: Der wilde Mann, München 18. Auf. 1995
Rohr, Richard: Vom wilden Mann zum weisen Mann, München, 3. Aufl. 2013
Rohr, Richard: Masken des Maskulinen, München 1998
Romankiewicz, Brigitte: Urbilder des Vaters, Waiblingen 1998
Rombach, Heinrich: Strukturanthropologie, München 1987
* Rosa, Hartmut: Beschleunigung und Entfremdung, Berlin, 2. Aufl. 2013
Russell, Bertrand: Ehe und Moral, Stuttgart 1951
Schumacher, Joachim: Leonardo da Vinci, Berlin 1981
Shuttle, Penelope/Peter Redgrave: Die weise Wunde Menstruation, Frankfurt/M. 1982
* Simmel, Georg: Philosophische Kultur, Leipzig, 2. Aufl. 1919
Some Malidoma Patrice: Die Kraft der Rituale, München 2000
* Spiller, Jan: Astrologie und Seele, München 1998
Steiner, Rudolf: Das Christentum als mystische Tatsache... Frankfurt/ Main 1985
Stuckrad von, Kocku : Lilith, Bielefeld 4. Aufl. 2009
Taut, Bruno: Die neue Wohnung. Die Frau als Schöpferin, Leipzig. 1924
Turner, Victor: Das Ritual, Frankfurt 2000
Wais, Mathias: Sinn und Unsinn der Ehe heute, Esslingen 1997
Wais, Mathias: Ich bin, was ich werden könnte, Stuttgart 4. Aufl.2005
Weidelener, Herman: Die Mysterien des Mütterlichen, Augsburg 2001
Wesel, Uwe: Der Mythos vom Matriarchat, Frankfurt/ Main 1988
Wilk, Erich: Typenlehre, Minden 1949

ANHANG

In meine Überlegungen sind auch die Gedanken von Georg Simmel mit eingeflossen. Sein Buch „Philosophische Kultur“ ist schon vor fast hundert Jahren erschienen und wurde 1997 neu aufgelegt. Es birgt so viel Einsichtiges, dass man es umfassend zitieren möchte. Jedoch ist seine Weise zu schreiben „philosophisch“ und nicht unmittelbar in einen eigenen Text einfügbar, ohne dissonant zu wirken. Wiederum sind seine Gedanken nicht in meinen Worten fassbar, ohne auszuufern. Weil aber sein Gedankengut noch immer gültig ist, verweise ich darauf, es unmittelbar zu lesen. Vieles was jetzt die Geschlechter erregt, bekommt durch sein Denken eine andere und aufbauende, ordnende Kraft. Es sind die Kapitel: „Das Relative und das Absolute im Geschlechter-Problem.“ und „Weibliche Kultur“.

ZUM AUTOR

Harald Jordan

Jahrgang 1935. Vater von vier Kindern. Er lebt und arbeitet in Worpswede und Griechenland. Gelernter Maurer. Seit über 50 Jahren als Diplom-Ingenieur für Statik und Baukonstruktion tätig, davon 40 Jahre selbständig, auch als vereidigter Sachverständiger. Entwicklung eines demokratischen Büromodels und Gründung von Ingenieur-Gemeinschaften. Sein Lehren und Beraten sind eine Synthese aus Geomantie, Proportionslehre, Energetischer Gestaltung, Feng Shui, Radiästhesie, Astrologie und Ortswahrnehmung.

ELIKON
Institut für transformatierende Bau- und Lebenskunst
Bauernreihe 8a, 27726 Worpswede, Deutschland
www.harald-jordan.de
mail@harald-jordan.de

„VOM WESEN DER WECHSELJAHRE. Ein geistig-seelischer Schulungsweg und ein Wandlungsgeschehen der Frau."
Seminare und Beratung:
Philemon Sophia Hoepfner-Jordan — Bauernreihe 8a, 27726 Worpswede
atelier-rubin@web.de — **www.atelier-rubin.de**

WEITERE BÜCHER VON HARALD JORDAN

AUS DEM Synergia VERLAG

Die Kraft des Übergangs in Raum, Zeit und Leben

Harald Jordan geht in diesem Buch der großen Wirkung und dem Geheimnis der Übergänge nach, die unseren Vorfahren heilig waren. Jeder Übergang in Raum und Zeit ist ein Zwischen-Raum und eine Pause, in der Neues sich eröffnet und Wandlung ermöglicht wird. Als Beispiel wird die Tür mit Griff und Schwelle als äußere Entsprechung eines inneren Geschehens beschrieben. Es offenbart sich dann in scheinbar unbedeutenden Bauteilen altes Wissen aus vergessener Baukunst.
Das Wort „Übergang" weist darauf hin, dass es kein Schritt oder Sprung ist, sondern als „Weg" ein geistiges Geschehen, das unterstützen kann.
Wir leben in einer Übergangs-Zeit, die es so intensiv und umfassend noch nie gegeben hat. Bildlich gesprochen, stehen wir im Spagat mit einem Fuß noch im alten und mit dem anderen im künftigen Raum. Jeder Übergang atmet ein Innen und Außen, ein Vergangenes und Künftiges – ist eine magische Zeit und Pforte, die bewusst erlebt werden kann.

Leicht verständlich – anschaulich erklärt

- **Übergänge im Lebenslauf und mögliche Wandlungszeiten**
- **Praxisnahe Empfehlung für Gestaltung in Raum und Leben**

Das Buch „Die Kraft des Übergangs" bereichert jeden Wohnenden und erweitert das Wirken der BauherrInnen und ArchitektInnen.

128 Seiten, zahlreiche Abbildungen, kartoniert mit Klappen,
ISBN 978-3-906873-29-9 15,90 €

Kleidung wie sie schützt und stärkt

Die energetische Wirkung von Farbe, Form und Material

Das Buch bietet eine Vielfalt an konkreten Tipps und aufschlussreichen Informationen. Dabei kommen Gürtel und Schnalle, Piercing und Haartracht ebenso ins Spiel wie Rock und Bluse, Hemd und Hose. So finden Sie unabhängig vom Diktat der Mode Ihren ganz persönlichen, spirituell ausgerichteten Kleidungsstil.

281 Seiten, gebunden mit Schutzumschlag,
ISBN 978-3-906873-24-4 17,90 €

Mehr als ein Zeichen

Vom Wunder des Tierkreises

Praxisnah und mit vielen Übungen

Zeichen, Zahlen, Formen und Gesten werden lebendig dargestellt und bringen dem Leser die Zusammenhänge nahe. Auf einfache Weise wird veranschaulicht, wie die Kraft der Zeit vertieft werden kann: im Alltag, im monatlichen Zyklus, im Laufe eines ganzen Lebens.

Leicht verständlich – umfassend informiert

180 Seiten, kartoniert,
ISBN 978-3-906873-04-6 15,- €

Energetische Raumgestaltung

Ein praktisches Handbuch zum spirituellen Wohnen, Bauen und Leben

Raum und persönliche Entfaltung, Raumgestaltung und Lebensgestaltung sind eng miteinander verknüpft. So wie der Mensch zuerst körperlich, seelisch und geistig, dann sozial und im Beruf wächst, lässt sich auch die Wohnumgebung als äußere Erscheinungsform des eigenen Werdens begreifen. Zu den einzelnen äußeren Schritten des Bauens und Gestaltens werden die jeweiligen energetischen und feinstofflichen Entsprechungen herausgearbeitet. Durch die Gestalt des Menschen und seine Bewegungen wird verdeutlicht, wie Möbel, Treppe und Wand energetisch wirken und wie sie zu konstruieren sind.

*Ein Adler,
der seinen Rücken
schützt – fällt.*

*Wenn Du
fliegen willst,
musst Du Dich
bloß machen.*

Ein praktisches Handbuch zur energetischen Raumgestaltung und ein Buch für alle, die ihr Haus, ihre Wohnung bewusst und ihren wahren Bedürfnissen entsprechend gestalten wollen.

300 Seiten, gebunden mit Schutzumschlag,
ISBN 978-3-906873-25-1 17,90 €